Thomas Kalkus-Promitzer

Konfliktkompetenz entwickeln

Anregungen für Training, Beratung und Führung

Akademie Kalkus, Band 7

Impressum

Bibliografische Information der Deutschen Nationalbibliothek: Die Deutsche Nationalbibliothek verzeichnet diese Publikation in der Deutschen Nationalbibliografie; detaillierte bibliografische Daten sind im Internet über http://dnb.dnb.de abrufbar.

Die automatisierte Analyse des Werkes, um daraus Informationen insbesondere über Muster, Trends und Korrelationen gemäß §44b UrhG („Text und Data Mining") zu gewinnen, ist untersagt.

© 2025 Thomas Kalkus-Promitzer - https://www.meintom.at
Covergestaltung und Illustrationen:
DI Konrad Promitzer - https://kpdesign.at

Verlag: BoD · Books on Demand GmbH, Überseering 33,
22297 Hamburg, bod@bod.de

Druck: Libri Plureos GmbH, Friedensallee 273, 22763 Hamburg

ISBN: 978-3-7693-0474-9

Inhaltsverzeichnis

Einleitung

Konflikte gehören zum Menschsein. Sie sind unausweichlich, sobald unterschiedliche Menschen mit unterschiedlichen Bedürfnissen, Interessen und Wahrnehmungen aufeinandertreffen. Und doch sind sie oft gefürchtet, gemieden oder bagatellisiert. In vielen Lebensbereichen herrscht die unausgesprochene Hoffnung, Konflikte ließen sich durch Harmonie, Kontrolle oder Schweigen vermeiden. Die Erfahrung zeigt jedoch: Wo Konflikte nicht wahrgenommen oder angesprochen werden, entstehen Missverständnisse, Spannungen und Verletzungen, die das Miteinander belasten.

Dieses Buch versteht Konflikte nicht als Störfaktoren, sondern als Ausdruck menschlicher Begegnung und als Chancen zur Weiterentwicklung. Es ist ein Buch für Menschen, die professionell oder persönlich mit Konflikten zu tun haben. Für Fachkräfte in Beratung, Bildung, Teamleitung oder Therapie ebenso wie für Menschen, die ihre eigenen Konfliktmuster besser verstehen und neue Wege im Umgang mit schwierigen Situationen gehen möchten. Ziel ist es, Konflikte als natürliche, aber gestaltbare Prozesse zu begreifen und Kompetenzen zu entwickeln, die sowohl die Selbstwirksamkeit als auch die Dialogfähigkeit stärken.

Der Aufbau des Buches führt schrittweise durch die verschiedenen Dimensionen von Konflikten: von grundlegenden Verständnissen über Dynamiken, Kommunikationsmuster und Gefühlslagen bis hin zu präventiven Zugängen, konkreten Werkzeugen und methodischen Ansätzen. Dabei liegt der Fokus stets auf einem systemischen, ressourcenorientierten und menschlichen Blick. Der systemische Ansatz hilft, Konflikte nicht isoliert zu betrachten, sondern als Ausdruck komplexer Beziehungen und Zusammenhänge zu verstehen. Ressourcenorientierung bedeutet, nicht auf Defizite zu schauen, sondern auf die Fähigkeiten und Möglichkeiten, die bereits vorhanden sind und aktiviert werden können. Und der menschliche Blick erinnert daran, dass es in jedem Konflikt um Menschen geht: mit ihren Geschichten, ihren Bedürfnissen, ihren Grenzen und ihrer Würde.

Besonderer Wert wird in diesem Buch auf die Verknüpfung von Theorie und Praxis gelegt. Die Inhalte sind wissenschaftlich fundiert, zugleich jedoch konkret und umsetzbar. Fallbeispiele, Impulse zur Selbstreflexion, Übungen und Interventionen machen die theoretischen Ausführungen lebendig und nutzbar für die eigene Praxis. Leser:innen sind eingeladen, sich selbst im Text wiederzufinden, eigene Erfahrungen einzuordnen und neue Sichtweisen zu entwickeln.

Ein weiteres zentrales Anliegen dieses Buches ist es, eine konstruktive Haltung zu vermitteln: Offenheit statt Rechthaben, Neugier statt Urteil, Zuhören statt Verteidigung. Diese Haltung ist nicht immer leicht umzusetzen, vor allem nicht in emotional herausfordernden Situationen. Sie lässt sich jedoch üben, trainieren und verankern. Mit jeder Konflikterfahrung, die bewusst durchlebt und bearbeitet wird, wächst die eigene Konfliktkompetenz.

Konflikte zu bearbeiten, ist nicht nur eine kommunikative oder soziale Herausforderung, sondern immer auch ein Weg der inneren Entwicklung. Wer sich auf diesen Weg einlässt, lernt nicht nur, andere besser zu verstehen, sondern auch sich selbst. Dieses Buch möchte dabei unterstützen, diesen Weg mit Klarheit, Mut und Mitgefühl zu gehen.

Konflikte verstehen

Konflikte gehören zum Menschsein dazu. Sie tauchen überall dort auf, wo Menschen miteinander leben, arbeiten, kommunizieren und Entscheidungen treffen. Ob im privaten Alltag, im Team, in der Familie oder in großen Organisationen: Konflikte sind allgegenwärtig. Trotzdem fällt es vielen schwer, sie zu verstehen, sie anzunehmen oder konstruktiv mit ihnen umzugehen. Oft verbinden wir Konflikte mit unangenehmen Gefühlen: Wut, Unsicherheit, Angst, Scham oder Hilflosigkeit. Gleichzeitig fehlt häufig das Wissen darüber, was ein Konflikt eigentlich ist, warum er entsteht und wie man sinnvoll mit ihm umgehen kann. Um das zu ändern, lohnt es sich, Konflikten mit Neugier zu begegnen, und sie als Spiegel menschlicher Beziehungen zu betrachten.

Am Anfang steht die zentrale Frage: Was ist ein Konflikt? In der Fachliteratur gibt es darauf unterschiedliche, aber ergänzende Antworten. Der renommierte Konfliktforscher Friedrich Glasl beschreibt Konflikte als Prozesse zwischen Personen oder Gruppen, bei denen mindestens eine Seite sich durch die andere beeinträchtigt fühlt. Entscheidend ist dabei das subjektive Empfinden: Es reicht, dass eine beteiligte Person glaubt, dass ihre Interessen oder Bedürfnisse verletzt werden. Ein Konflikt muss nicht objektiv nachweisbar sein, um real und wirksam zu sein. Glasl betont zudem, dass Konflikte ein inneres Eskalationspotenzial in sich tragen. Wenn sie nicht rechtzeitig erkannt und angesprochen werden, können sie sich verschärfen, festfahren oder sogar zerstörerische Ausmaße annehmen.

Zusammen mit Rudi Ballreich entwickelte Glasl einen systemischen Blick auf Konflikte. Sie verstehen diese als Ausdruck widersprüchlicher Zielsetzungen und Handlungstendenzen. Konflikte zeigen sich vor allem dort, wo Menschen mit unterschiedlichen Bedürfnissen, Erfahrungen und Wertvorstellungen aufeinandertreffen. Sie entstehen nicht zufällig, sondern sind Teil jeder sozialen Dynamik, insbesondere dann, wenn Veränderungen anstehen, wenn Unsicherheiten zunehmen oder wenn Belastungen auftreten. In dieser Perspektive sind Konflikte keine Fehler, sondern Hinweise: Etwas ist aus dem Gleichgewicht geraten, etwas will gesehen, gehört oder geklärt werden.

Konflikte gehören zum Menschsein dazu. Sie tauchen überall dort auf, wo Menschen miteinander leben, arbeiten, kommunizieren und Entscheidungen treffen. Ob im privaten Alltag, im Team, in der Familie oder in großen Organisationen: Konflikte sind allgegenwärtig. Trotzdem fällt es vielen schwer, sie zu verstehen, sie anzunehmen oder konstruktiv mit ihnen umzugehen. Oft verbinden wir Konflikte mit unangenehmen Gefühlen: Wut, Unsicherheit, Angst, Scham oder Hilflosigkeit. Gleichzeitig fehlt häufig das Wissen darüber, was ein Konflikt eigentlich ist, warum er entsteht und wie man sinnvoll mit ihm umgehen kann. Um das zu ändern, lohnt es sich, Konflikten mit Neugier zu begegnen und sie als Spiegel menschlicher Beziehungen zu betrachten.

Am Anfang steht die zentrale Frage: Was ist ein Konflikt? In der Fachliteratur gibt es darauf unterschiedliche, aber ergänzende Antworten. Der renommierte Konfliktforscher Friedrich Glasl beschreibt Konflikte als Prozesse zwischen Personen oder Gruppen, bei denen mindestens eine Seite sich durch die andere beeinträchtigt fühlt. Entscheidend ist dabei das subjektive Empfinden: Es reicht, dass eine beteiligte Person glaubt, dass ihre Interessen oder Bedürfnisse verletzt werden. Ein Konflikt muss nicht objektiv nachweisbar sein, um real und wirksam zu sein. Glasl betont zudem, dass Konflikte ein inneres Eskalationspotenzial in sich tragen. Wenn sie nicht rechtzeitig erkannt und angesprochen werden, können sie sich verschärfen, festfahren oder sogar zerstörerische Ausmaße annehmen.

Auch Ronald Kraybill, ein amerikanischer Konfliktforscher, erweitert unser Verständnis. Er rückt die kulturelle Dimension in den Vordergrund. Konflikte entstehen aus seiner Sicht nicht nur zwischen einzelnen Personen, sondern auch zwischen sozialen Normen, Wertsystemen und Weltbildern. In einer pluralen Gesellschaft ist das fast unausweichlich. Menschen begegnen sich mit ganz unterschiedlichen Prägungen, Erwartungen und Haltungen. Das birgt Reibungspotenzial. Kraybill spricht sich für eine Haltung aus, die Differenz nicht vermeiden will, sondern anerkennt. Konflikte können uns lehren, mit Unterschiedlichkeit umzugehen, neue Perspektiven einzunehmen und gemeinsame Lösungen zu entwickeln. Damit wird der Konflikt nicht nur zur Herausforderung, sondern auch zur Entwicklungschance, für Einzelne ebenso wie für ganze Gruppen oder Systeme.

Paul Watzlawick wiederum bringt eine wichtige kommunikative Perspektive ein. Für ihn sind viele Konflikte vor allem Kommunikationsprobleme. Oft liegt der Ursprung eines Streits nicht im Inhalt, sondern in der Art und Weise, wie etwas gesagt oder eben nicht gesagt wird. Missverständnisse, doppelte Botschaften, unausgesprochene Erwartungen oder verdeckte Vorwürfe sorgen dafür, dass sich Spannungen aufbauen. Wer Konflikte besser verstehen will, sollte also nicht nur auf das Offensichtliche achten, sondern auch auf das, was zwischen den Zeilen liegt. Kommunikation ist nie neutral. Sie ist immer eingebettet in Beziehung, Machtverhältnisse und emotionale Muster. In einem Konflikt geht es deshalb meist nicht nur um das, worüber gesprochen wird, sondern auch darum, wie sich Menschen gesehen, gehört und verstanden fühlen.

Besonders anschaulich lässt sich dieses Prinzip mit dem sogenannten Eisbergmodell erklären. Das Modell geht davon aus, dass nur ein kleiner Teil eines Konflikts sichtbar ist, nämlich das, was gesagt und getan wird. Der weitaus größere Teil liegt unter der Oberfläche. Dort befinden sich Gefühle, Werte, Bedürfnisse, Ängste und persönliche Erfahrungen. Wer bei einem Konflikt nur auf der Sachebene bleibt, verpasst wesentliche Dynamiken. Es braucht ein tieferes Hinhören, ein aktives Einfühlen und die Bereitschaft, auch Unausgesprochenes wahrzunehmen. Gerade für Menschen in beratenden, pädagogischen oder leitenden Rollen ist das essenziell: Nur wer die ganze Tiefe eines Konflikts erkennt, kann ihn nachhaltig bearbeiten.

Ein weiterer Aspekt beim Verstehen von Konflikten ist ihre Funktion. Konflikte stören nicht nur, sie zeigen auch, dass etwas nicht mehr stimmig ist. Vielleicht ist eine Grenze erreicht, ein Bedürfnis nicht beachtet worden oder ein Ziel aus dem Blick geraten. In diesem Sinn haben Konflikte eine wichtige Signalfunktion. Sie fordern uns auf, genauer hinzuschauen, mutiger zu handeln und neue Wege zu finden. Wer Konflikte ernst nimmt, übernimmt Verantwortung: für sich selbst, für Beziehungen und für die Qualität des Miteinanders.

Konflikte sind also nicht einfach das Ergebnis von schlechter Kommunikation oder schwierigen Persönlichkeiten. Sie sind Ausdruck menschlicher Vielfalt. Überall dort, wo Menschen zusammenkommen, gemeinsam gestalten oder Entscheidungen treffen, entstehen Spannungen. Das ist normal und wichtig. Denn nur durch Reibung entsteht Entwicklung. Wer Konflikte versteht, kann sie nicht nur besser aushalten, sondern auch bewusst gestalten.

Methoden & Impulse zur Bearbeitung:

- Zitatkarten: Teilnehmer:innen ziehen vorbereitete Zitate zu Konflikten (z. B. von Glasl, Kraybill, Watzlawick) und ordnen sie zunächst intuitiv einer Wirkungsebene zu (z. B. emotional, kommunikativ, kulturell, strukturell). Anschließend diskutieren sie in Kleingruppen, welche Botschaften, Haltungen oder Sichtweisen hinter den Zitaten stehen könnten und inwieweit diese mit ihren eigenen Erfahrungen übereinstimmen. Die Gruppen erstellen dazu jeweils ein Plakat mit ihren Kernerkenntnissen, das in einer Galeriephase allen vorgestellt wird.

- Modellarbeit: Das Eisbergmodell wird auf ein reales Beispiel aus dem Arbeitsalltag übertragen. Teilnehmer:innen analysieren, welche Anteile sichtbar waren und was im Verborgenen lag.

- Perspektivwechsel: Eine typische Konfliktszene wird aus verschiedenen Blickwinkeln beschrieben, etwa aus Sicht der Leitung, eines:einer Kolleg:in oder eines:einer Klient:in. Dabei werden subjektive Wirklichkeiten deutlich gemacht.

- Begriffsklärung: Ein Arbeitsblatt stellt verschiedene Konfliktdefinitionen gegenüber. Teilnehmer:innen formulieren anschließend eine eigene Definition.

Reflexionsfragen:

- Welche Definition von Konflikt spricht mich persönlich am meisten an und warum?
- In welchen Lebensbereichen meide ich Konflikte? Was könnte der Grund dafür sein?
- In einem von mir erlebten Konflikt: Welche Ebenen (Sache, Beziehung, Emotion) waren besonders spürbar?

Konflikte sind nicht nur unvermeidlich, sondern auch bedeutsam. Sie entstehen überall dort, wo Menschen in Beziehung stehen, und weisen uns darauf hin, dass etwas gesehen oder verändert werden will. Verschiedene Perspektiven aus der Fachliteratur, von Glasl, Ballreich, Kraybill und Watzlawick, helfen dabei, die Tiefe von Konflikten zu verstehen. Ein echtes Konfliktverständnis umfasst sowohl die emotionale als auch die strukturelle, kulturelle und kommunikative Dimension. Wer sich diesen Ebenen bewusst stellt, kann Konflikte als Chance für Entwicklung und Beziehungsstärkung nutzen.

Eisbergmodell

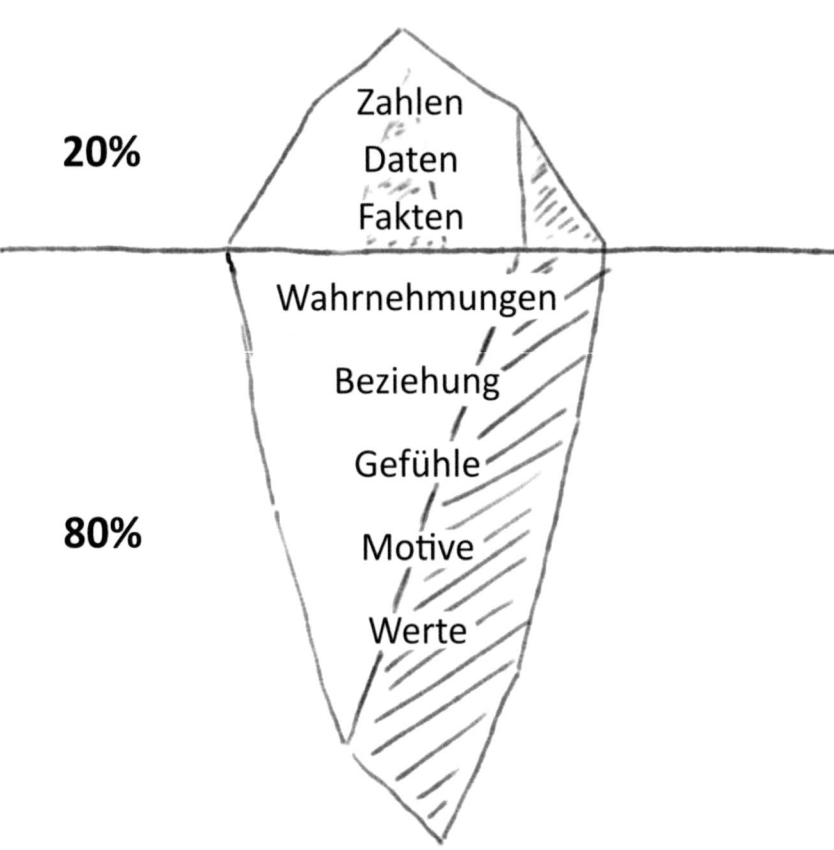

Sachebene
verbal, bewusst

20%

Zahlen
Daten
Fakten

Wahrnehmungen

Beziehung

Gefühle

80%

Motive

Werte

Beziehungsebene
nonverbal, oft unbewusst

Abgrenzung: Meinungsverschiedenheit, Streit, Spannung

Konflikte lassen sich oft nicht auf den ersten Blick erkennen, denn nicht jede Spannung, Meinungsverschiedenheit oder Auseinandersetzung ist gleich ein echter Konflikt. Umso wichtiger ist es, die feinen Unterschiede zu verstehen. Das beginnt mit der Frage, wie wir zwischen alltäglichen Reibungen und tiefgreifenderen Konfliktsituationen unterscheiden können. Viele Missverständnisse entstehen bereits dadurch, dass Menschen unterschiedliche Vorstellungen davon haben, was als Konflikt gilt und was nicht. Wer sich intensiver mit Konfliktbearbeitung beschäftigt, muss deshalb auch die Abgrenzung zwischen Begriffen wie Meinungsverschiedenheit, Streit und Spannung kennen und reflektieren können.

Eine Meinungsverschiedenheit ist zunächst ein sachlicher Unterschied in der Sichtweise oder Einschätzung eines Themas. Zwei Personen können etwa unterschiedliche Auffassungen über die Gestaltung eines Projekts haben oder eine Situation unterschiedlich bewerten. Dabei bleibt die Beziehungsebene meist stabil, weil beide Seiten ihre Perspektiven austauschen, ohne sich gegenseitig anzugreifen oder abzuwerten. Meinungsverschiedenheiten gehören zum Alltag, sie fördern Vielfalt und können konstruktiv genutzt werden, um bessere Entscheidungen zu treffen. Sie sind Ausdruck einer offenen, diskussionsfreudigen Kultur, in der unterschiedliche Sichtweisen nicht nur erlaubt, sondern erwünscht sind. Diese Form der Auseinandersetzung trägt dazu bei, Denkprozesse zu erweitern, kreative Lösungen zu finden und neue Perspektiven kennenzulernen. Meinungsverschiedenheiten setzen allerdings voraus, dass die Kommunikation offen, respektvoll und auf Augenhöhe verläuft. Es braucht die Bereitschaft, zuzuhören, sich mit Argumenten auseinanderzusetzen und Unterschiede auszuhalten, ohne den anderen abzuwerten. Sobald diese Grundhaltung nicht mehr gegeben ist, kann sich eine sachliche Meinungsverschiedenheit rasch in einen Streit verwandeln, besonders dann, wenn sich Emotionen aufstauen, persönliche Befindlichkeiten hineinspielen oder eine Person das Gefühl hat, übergangen oder nicht ernst genommen zu werden. In solchen Momenten kippt die Sachebene und die Beziehungsebene gerät in den Fokus. Das Risiko besteht dann darin, dass aus einem eigentlich konstruktiven Dialog eine destruktive Auseinandersetzung wird, bei der nicht mehr das Thema im Mittelpunkt steht, sondern gegenseitige Kränkungen und Rechthaberei. Deshalb ist es wichtig, frühzeitig innezuhalten, wenn aus einer Diskussion Spannung entsteht, und sich zu fragen, worum es in diesem Moment wirklich geht.

Ein Streit geht über die reine Meinungsverschiedenheit hinaus. Er ist oft emotional aufgeladen, es geht nicht mehr nur um die Sache, sondern auch darum, wer recht hat, wer sich durchsetzt oder wer sich verletzt fühlt. Im Streit wird häufig die Beziehungsebene in Mitleidenschaft gezogen. Verletzende Worte, Vorwürfe oder laute Auseinandersetzungen können das gegenseitige Vertrauen belasten. Der Streit ist in vielen Fällen ein Ausdruck von Frustration, Überforderung oder dem Gefühl, nicht gehört zu werden. Dabei können auch Themen angesprochen werden, die lange unter der Oberfläche geschwelt haben und nun im Streitverlauf eine unerwartete Dynamik entfalten. Die Eskalation verläuft nicht immer laut und dramatisch. Auch stille, unterschwellige Konfliktaustragungen, wie sarkastische Bemerkungen, Abwertung im Ton oder zynische Kommentare, gehören zum Spektrum des Streits. Ein Streit ist also nicht nur dann ein Streit, wenn die Stimmen laut werden. Er kann sich auch durch subtile Machtspiele oder durch das bewusste Zurückhalten von Informationen äußern. Oft werden in solchen Momenten alte Verletzungen reaktiviert, die mit dem eigentlichen Thema nur noch wenig zu tun haben. Der Streit wird zur Projektionsfläche für unbewältigte Erfahrungen, für das Bedürfnis nach Anerkennung oder für die Angst vor Ablehnung. Wenn ein Streit nicht geklärt wird, kann er sich zu einem dauerhaften Konflikt auswachsen, der die Beziehung langfristig beeinträchtigt. Vertrauen schwindet, Kommunikationsbereitschaft nimmt ab und mit der Zeit kann sich eine Kultur der Distanz und des Rückzugs entwickeln. Deshalb ist es wichtig, auch im Streit die Perspektive der anderen Seite wahrzunehmen, Gefühle ernst zu nehmen und den Mut zu haben, eine Unterbrechung vorzuschlagen, bevor der Austausch vollständig aus dem Ruder läuft.

Spannung wiederum beschreibt einen Zustand, in dem etwas unausgesprochen in der Luft liegt. Es handelt sich um ein unterschwelliges Gefühl, dass etwas nicht stimmt, dass eine Auseinandersetzung bevorsteht oder dass etwas nicht gesagt wird, was aber zwischen den Beteiligten mitschwingt. Spannungen sind häufig Vorboten von Konflikten. Sie zeigen sich in Körpersprache, Tonfall, Ausweichverhalten oder einem plötzlichen Kommunikationsabbruch. Manchmal entsteht auch ein diffuses Gefühl der Unruhe oder ein spürbarer Rückzug, ohne dass offen ausgesprochen wird, was eigentlich los ist. Anders als bei einer offenen Meinungsverschiedenheit ist hier oft nicht klar, worum es genau geht. Diese Unklarheit macht Spannungen besonders herausfordernd, weil sie schwer greifbar sind und auf indirekte Weise wirken. Spannungen entstehen häufig in belasteten Beziehungen, bei unausgesprochenen Erwartungen oder nach verletzenden Erlebnissen, die nicht aufgearbeitet wurden. Sie können aber auch in gut funktionierenden Teams auftreten, etwa wenn neue Aufgaben verteilt werden, Rollen sich verändern oder unausgesprochene Konkurrenz entsteht. In solchen Fällen reichen oft schon kleine Andeutungen oder ein veränderter Tonfall, um eine Spannung spürbar werden zu lassen. Wird diese nicht angesprochen, kann sie sich im System festsetzen, zu Missverständnissen führen und letztlich das Vertrauen untergraben. Spannungen wirken dann wie ein feines Störgeräusch, das zwar nicht laut ist, aber dauerhaft die Qualität der Zusammenarbeit beeinträchtigt. Wer sensibel wahrnimmt, lernt, solche Vorzeichen ernst zu nehmen und frühzeitig Räume zur Klärung zu schaffen.

Diese drei Formen, Meinungsverschiedenheit, Streit und Spannung, können ineinander übergehen. Eine sachliche Differenz kann zu einem emotionalen Streit führen, wenn sich jemand übergangen oder entwertet fühlt. Eine länger anhaltende Spannung kann in einem Moment explodieren und einen offenen Streit entfachen. Ebenso kann ein ungelöster Streit in eine unterschwellige Spannung umschlagen, bei der sich beide Seiten aus dem Weg gehen. Deshalb ist es hilfreich, genau hinzuschauen und zu analysieren, worum es in der jeweiligen Situation eigentlich geht. Nur so lässt sich ein passender Umgang finden.

Aus professioneller Sicht, etwa in der Beratung, im Training, in der Pädagogik oder in der Führung, ist diese Unterscheidung besonders bedeutsam. Wer mit Gruppen arbeitet, wer Konfliktgespräche führt oder Teams begleitet, sollte in der Lage sein, Spannungen zu deuten, Meinungsverschiedenheiten konstruktiv zu nutzen und Streit zu moderieren. Dafür braucht es Sensibilität, ein Gespür für Zwischentöne und die Fähigkeit, Dinge anzusprechen, bevor sie eskalieren. Es bedeutet auch, zwischen Konflikten mit hohem Eskalationspotenzial und solchen zu unterscheiden, die sich schnell und sachlich klären lassen.

In Teams und Organisationen ist es häufig so, dass Meinungsverschiedenheiten als bedrohlich erlebt werden, weil keine offene Diskussionskultur besteht. Die Folge ist, dass Spannungen entstehen, die nicht benannt werden dürfen. Diese Spannungen wirken wie ein unsichtbares Gift: Sie untergraben das Vertrauen, fördern Gerüchte, verhindern Kooperation und belasten die Arbeitsatmosphäre. Oft entsteht ein Klima der Unsicherheit, in dem sich Mitarbeiter:innen nicht trauen, ihre Meinung offen zu äußern. Entscheidungen werden nicht mehr hinterfragt, Kritik wird zurückgehalten, und es bildet sich eine Fassade des Scheinfriedens. Langfristig führt das dazu, dass Innovation, Kreativität und Leistungsbereitschaft abnehmen, weil niemand das Risiko eingehen möchte, anzuecken. Wer Konflikte vermeiden will, indem er jede Reibung unterdrückt, erzeugt damit ungewollt genau das Gegenteil von dem, was er erreichen möchte: Unsicherheit, Rückzug und passiv-aggressives Verhalten. Die Folge sind stille Widerstände, verdeckte Machtspiele und eine wachsende emotionale Distanz zwischen den Beteiligten. Deshalb ist es wichtig, eine Haltung zu fördern, die Unterschiede zulässt, Meinungsverschiedenheiten anerkennt und produktiv damit umgeht. Es braucht Räume, in denen offen gesprochen werden kann, in denen Fehler kein Tabu sind und in denen konstruktive Auseinandersetzung als Teil einer lebendigen Zusammenarbeit verstanden wird. Führungskräfte und Moderator:innen nehmen hier eine zentrale Rolle ein: Sie gestalten Kommunikationsräume, setzen Rahmen und leben vor, dass Kritik, Widerspruch und Unterschiedlichkeit nicht nur ausgehalten, sondern als Ressource geschätzt werden können.

Ein wesentlicher Punkt ist auch die persönliche Konfliktbiografie. Manche Menschen haben gelernt, jede Form von Streit zu vermeiden, weil sie in ihrer Kindheit destruktive Auseinandersetzungen erlebt haben. Vielleicht war Streit damals mit Angst, Unsicherheit oder Kontrollverlust verbunden. In der Folge wird heute jede Form von Unstimmigkeit instinktiv gemieden, um emotionale Sicherheit zu wahren. Andere neigen dazu, schnell laut oder konfrontativ zu reagieren, weil sie das als normales Mittel der Durchsetzung kennengelernt haben. Für sie ist Streit kein Ausnahmezustand, sondern eine alltägliche Strategie, um sich Gehör zu verschaffen oder Grenzen zu setzen. Diese Prägungen beeinflussen stark, wie wir auf Spannungen, Meinungsunterschiede oder Streit reagieren. Sie wirken meist unbewusst, bestimmen aber maßgeblich, ob wir zur Eskalation oder zur Klärung neigen. Wer sich mit der eigenen Konfliktgeschichte auseinandersetzt, öffnet die Tür zu mehr Bewusstheit, zu innerer Klarheit und zu einer bewussteren Reaktion in angespannten Situationen. Das kann bedeuten, alte Schutzmechanismen zu hinterfragen, neue Strategien zu erproben oder auch Verständnis für das Verhalten anderer zu entwickeln. Denn was wir bei anderen als überzogen oder unangemessen empfinden, ist oft ebenfalls Ausdruck früherer Erfahrungen. Wer sich selbst kennt, kann auch empathischer auf andere reagieren und so den Raum für ehrliche und respektvolle Kommunikation öffnen.

Ein weiterer wichtiger Aspekt ist die emotionale Differenzierung. Je klarer Menschen zwischen Gefühl und Verhalten unterscheiden können, desto leichter fällt es ihnen, auch in schwierigen Gesprächen ruhig zu bleiben. Wer sich selbst gut regulieren kann, schafft oft einen Raum, in dem auch andere sich entspannen und öffnen können. Das gilt besonders bei Spannungen, in denen vieles unausgesprochen bleibt. Hier kann es helfen, Beobachtungen zu verbalisieren: „Ich habe das Gefühl, dass etwas zwischen uns steht. Können wir kurz sprechen?" Solche Einladungen zur Klärung sind keine Garantie für Harmonie, aber sie zeigen Bereitschaft zur Verständigung.

Unterschiede zwischen Meinungsverschiedenheit, Streit und Spannung zu erkennen, ist also mehr als eine semantische Übung. Es ist ein praktisches Werkzeug für die Konfliktbearbeitung. Wer diese Unterschiede klar benennen kann, wird auch in der Lage sein, den passenden Kommunikationsstil zu wählen. Bei einer Meinungsverschiedenheit geht es darum, Argumente auszutauschen und Perspektiven zu verstehen. Dabei hilft es, aktiv zuzuhören, nachzufragen und die Sichtweise des Gegenübers wirklich zu erfassen, anstatt sofort in die Bewertung zu gehen. In einem Streit braucht es dagegen oft eine Deeskalation, Empathie und manchmal auch eine Pause. Hier kann es hilfreich sein, die Situation bewusst zu unterbrechen, etwa durch einen Perspektivwechsel oder ein klärendes Gespräch in ruhigerem Rahmen. Auch das bewusste Anerkennen von Emotionen spielt eine zentrale Rolle, um den Weg zu einer echten Verständigung zu ebnen. Bei Spannungen wiederum sind Geduld, achtsame Wahrnehmung und ein sensibles Ansprechen gefragt. Da Spannungen oft nicht klar benannt sind, braucht es Mut, Beobachtungen in Worte zu fassen, ohne Schuld zuzuweisen. Sätze wie „Ich spüre, dass etwas zwischen uns steht" oder „Ich merke, dass unsere Gespräche in letzter Zeit anders sind" können erste Türöffner sein. All das erfordert Übung und die Bereitschaft, mit Unsicherheit umzugehen. Es braucht eine Haltung, die Unterschiede nicht als Bedrohung, sondern als Chance begreift, und die die Beziehungsebene aktiv mitgestaltet. Wer diese Differenzierung bewusst einsetzt, entwickelt eine tiefere Konfliktsensibilität und stärkt damit nicht nur die eigene Kommunikationskompetenz, sondern auch die Qualität der Zusammenarbeit im gesamten sozialen System.

Methoden & Impulse zur Bearbeitung:

- Rollenspiele zu typischen Alltagssituationen mit Meinungsverschiedenheit, Streit und Spannung. Teilnehmer:innen analysieren im Anschluss die Dynamik und benennen die Unterschiede.
- Arbeit mit Fallvignetten: In kleinen Gruppen wird eine Szene beschrieben, anschließend wird diskutiert, ob es sich um eine Meinungsverschiedenheit, einen Streit oder eine Spannung handelt und warum.
- Stille Beobachtung: Teilnehmer:innen beobachten eine Gesprächssituation und notieren nonverbale Spannungszeichen (Körpersprache, Tonfall, Schweigen).
- Biografische Reflexion: Eigene Erfahrungen mit Streit, Meinungsverschiedenheit und Spannung aufschreiben und reflektieren, wie man damals reagiert hat.

Reflexionsfragen:

- Wie reagiere ich typischerweise bei Meinungsverschiedenheiten, bei offenem Streit oder bei unausgesprochenen Spannungen?
- In welchen beruflichen oder privaten Kontexten gelingt mir der Umgang mit Differenz besonders gut?
- Wo habe ich möglicherweise Nachholbedarf, Spannungen frühzeitig zu erkennen oder Streit deeskalierend zu begleiten?

Zwischen Meinungsverschiedenheit, Streit und Spannung bestehen klare Unterschiede, die für den professionellen Umgang mit Konflikten von großer Bedeutung sind. Während Meinungsverschiedenheiten konstruktiv und belebend wirken können, bergen Streit und unausgesprochene Spannungen ein hohes Konfliktpotenzial. Wer lernt, diese Unterschiede frühzeitig zu erkennen und angemessen damit umzugehen, schafft die Grundlage für gelingende Kommunikation, stabile Beziehungen und ein gesundes Miteinander.

Gegensätzliche Interessen, emotionale Beteiligung, Blockaden

Konflikte zeigen sich nicht nur im sichtbaren Streit oder in offenen Auseinandersetzungen. Sie beginnen oft viel früher, subtiler und weniger greifbar. Um Konflikte zu erkennen und zu verstehen, ist es hilfreich, typische Merkmale in den Blick zu nehmen, die nahezu jeder Konfliktsituation zugrunde liegen. Drei zentrale Merkmale sind dabei besonders bedeutsam: gegensätzliche Interessen, emotionale Beteiligung und blockierte Kommunikation oder Handlungsfähigkeit. Diese drei Elemente wirken häufig zusammen und verstärken sich gegenseitig, was die Dynamik eines Konflikts prägt und seine Bearbeitung komplex macht.

Gegensätzliche Interessen sind das Grundgerüst vieler Konflikte. Zwei oder mehr Parteien verfolgen unterschiedliche Ziele, vertreten unterschiedliche Positionen oder bewerten eine Situation unterschiedlich. Das allein ist noch kein Problem, denn Unterschiedlichkeit gehört zum sozialen Miteinander. Schwierig wird es, wenn diese Gegensätze aufeinanderprallen, ohne dass ein konstruktiver Umgang damit gefunden wird. Besonders heikel wird es, wenn die Interessen als unvereinbar erlebt werden oder wenn die eigene Position als bedroht empfunden wird. In Organisationen kann das etwa der Fall sein, wenn unterschiedliche Abteilungen konkurrierende Ziele verfolgen, wenn Ressourcen knapp sind oder wenn individuelle Bedürfnisse nicht mit den Zielen der Gruppe in Einklang zu bringen sind. Auch in pädagogischen oder sozialen Arbeitsfeldern zeigt sich dieses Spannungsfeld häufig, etwa wenn Klient:innen andere Erwartungen haben als Fachkräfte oder wenn fachliche und institutionelle Anforderungen kollidieren. Gegensätzliche Interessen sind nicht per se negativ. Sie können kreative Prozesse fördern und dazu beitragen, bessere Lösungen zu finden, weil sie dazu zwingen, Standpunkte zu hinterfragen, neue Perspektiven einzunehmen und miteinander in einen echten Dialog zu treten. Voraussetzung dafür ist jedoch, dass die Interessen zunächst sichtbar gemacht werden. Häufig wissen die beteiligten Personen gar nicht genau, was das eigene Interesse ausmacht oder welches Bedürfnis hinter einer Position steht. Erst wenn diese Interessen offengelegt werden, entsteht die Chance, Gemeinsamkeiten zu entdecken oder tragfähige Kompromisse zu entwickeln. Deshalb gehört es zu den zentralen Aufgaben in der professionellen Konfliktbearbeitung, die beteiligten Interessen achtsam zu erforschen, transparent zu machen und eine Sprache zu finden, in der sie gehört werden können.

Ein zweites zentrales Merkmal von Konflikten ist die emotionale Beteiligung. Sobald Emotionen wie Wut, Enttäuschung, Angst oder Kränkung ins Spiel kommen, verändert sich die Qualität des Austauschs. Kommunikation wird enger, Abwehrmechanismen greifen, der Blick auf die Situation verengt sich. Oft werden Gespräche dann nicht mehr sachlich geführt, sondern emotional aufgeladen. Der Ton wird schärfer, kleine Anlässe werden überbewertet, vergangene Erlebnisse werden plötzlich wieder wichtig. Emotionale Beteiligung ist nicht grundsätzlich negativ, sie zeigt vielmehr, dass etwas auf dem Spiel steht. Menschen sind dann besonders betroffen, wenn ihnen etwas wichtig ist: ein Ziel, eine Beziehung, eine Überzeugung oder das Gefühl, gesehen und respektiert zu werden. Diese emotionale Reaktion ist Ausdruck eines Bedürfnisses nach Verbindung, Sicherheit oder Einfluss. Je bedeutsamer die Beziehung oder das Thema ist, desto stärker fallen die emotionalen Reaktionen in der Regel aus. Konflikte können auch intensive Gefühle aktivieren, die mit früheren Erfahrungen verknüpft sind. Manche Menschen reagieren auf Ablehnung oder Kritik besonders empfindlich, weil sie in ihrer Lebensgeschichte ähnliche Situationen als schmerzhaft erlebt haben. Die aktuelle Konfliktsituation wird dann unbewusst mit der Vergangenheit verknüpft. Dadurch kann es zu Überreaktionen kommen, bei denen das Ausmaß der Emotion nicht zur momentanen Situation passt. In solchen Fällen ist es hilfreich, sich selbst empathisch zu beobachten und zu prüfen, welches Bedürfnis hinter der Emotion steht und ob es tatsächlich um die aktuelle Situation geht.

Wer Konflikte bearbeiten will, muss also auch die damit verbundenen Emotionen ernst nehmen, benennen und regulieren können. Das bedeutet nicht, sich in Gefühlen zu verlieren, sondern sie als Informationsquelle zu nutzen. Gefühle zeigen an, dass etwas berührt wurde, das für die betroffene Person eine tiefe Bedeutung hat. Fragen wie: „Was sagt mir mein Ärger?", „Was verletzt mich gerade wirklich?" oder „Was braucht mein Gegenüber, um sich wieder sicher zu fühlen?" helfen, die emotionale Ebene in die Bearbeitung einzubeziehen. Der Zugang über Gefühle öffnet Räume für gegenseitiges Verstehen, weil sich Menschen häufig erst dann öffnen, wenn sie sich emotional wahrgenommen fühlen. Professionelle Konfliktbearbeitung bedeutet deshalb auch, emotionale Kompetenz zu entwickeln und emotionale Prozesse in der Kommunikation bewusst zu begleiten.

Das dritte Merkmal ist die Blockade. In Konflikten geraten Kommunikation und Handlungsfähigkeit oft ins Stocken. Es wird nicht mehr offen gesprochen, Vereinbarungen werden nicht mehr eingehalten, wichtige Informationen werden zurückgehalten. Diese Blockaden zeigen sich in unterschiedlichen Formen: als offener Widerstand, als Schweigen, als Rückzug, als Ausweichen oder auch als unproduktive Dauerschleife von Vorwürfen. Man spricht dann viel, aber es bewegt sich nichts. Diese Blockade ist häufig ein Zeichen dafür, dass die tieferliegenden Themen noch nicht angesprochen oder geklärt wurden. Sie wirkt lähmend, raubt Energie und führt dazu, dass sich Spannungen verstärken. Besonders herausfordernd ist, dass Blockaden selten direkt benannt werden. Sie schleichen sich ein und werden irgendwann als normal empfunden. In Teams kann das dazu führen, dass sich Arbeitsabläufe verlangsamen, Frust entsteht und die Motivation sinkt.

In Beziehungen zeigt sich die Blockade oft als emotionale Distanz, als Reduktion auf sachliche Kommunikation oder als Vermeidung offener Gespräche. Die betroffenen Personen empfinden häufig eine diffuse Unzufriedenheit, können aber nicht klar benennen, was fehlt oder woran es liegt. So entsteht ein Teufelskreis aus Rückzug, Missverständnissen und wachsender innerer Distanz. Die Kommunikation wird formelhaft, funktional und entbehrt zunehmend persönlicher Verbindung. In Gruppenkontexten kann es dazu kommen, dass informelle Parallelgespräche entstehen, Vertrauen erodiert und eine Kultur der Vorsicht das Klima bestimmt. Besonders kritisch ist, dass Blockaden über längere Zeit unbewusst wirken und dadurch auch jene beeinflussen, die zunächst gar nicht direkt beteiligt waren. Eine gelungene Konfliktbearbeitung muss deshalb behutsam vorgehen, Blockaden ernst nehmen und ihnen mit Respekt begegnen. Oft braucht es eine Phase des Innehaltens, des Zuhörens und des gemeinsamen Reflektierens, bevor ein neuer Zugang möglich wird. Erst wenn das Unsagbare einen sicheren Raum bekommt, kann sich die Blockade langsam lösen.

Diese drei Merkmale: gegensätzliche Interessen, emotionale Beteiligung und Blockaden: treten selten isoliert auf. Vielmehr wirken sie als System zusammen, in dem jedes Element das andere beeinflusst und verstärken kann. Gegensätze erzeugen emotionale Reaktionen, wenn etwa eine Person das Gefühl hat, ihre Bedürfnisse oder Überzeugungen würden nicht ernst genommen. Diese emotionalen Reaktionen wiederum erschweren die Kommunikation, weil sie Filter erzeugen: Aussagen werden nicht mehr neutral gehört, sondern durch die Brille der Verletzung, Kränkung oder Angst interpretiert. Aus diesem emotional gefärbten Erleben heraus entstehen häufig Blockaden. Die Kommunikation gerät ins Stocken, das Vertrauen sinkt, Missverständnisse häufen sich. Umgekehrt können emotionale Spannungen durch bestehende Blockaden weiter intensiviert werden, etwa wenn Gesprächsangebote ausbleiben oder Gesprächspartner:innen ausweichen. Dann steigt das Gefühl, mit dem eigenen Anliegen allein gelassen zu werden, was wiederum die emotionale Belastung verstärkt und zu innerem Rückzug führen kann. Dieses Wechselspiel zeigt, wie stark Konfliktdynamiken in sozialen Systemen miteinander verflochten sind. Ein zentrales Ziel professioneller Konfliktarbeit besteht deshalb darin, dieses Zusammenspiel zu erkennen und gezielt aufzulösen. Dazu gehört es, zunächst Klarheit über die unterschiedlichen Interessen zu gewinnen, um die sachliche Ebene wieder zugänglich zu machen. Gleichzeitig braucht es Raum für die emotionale Dimension: Gefühle müssen benannt und ernst genommen werden, damit sie nicht weiter unbewusst wirken. Schließlich ist es notwendig, die blockierten Kommunikationskanäle vorsichtig wieder zu öffnen: durch gezielte Gesprächsangebote, durch empathisches Zuhören, durch eine Haltung der Offenheit. Erst wenn diese drei Ebenen bewusst wahrgenommen und bearbeitet werden, kann ein Konflikt sich lösen oder transformieren. Dann wird der Weg frei für neue Verständigung, für Kooperation und für eine Kultur der respektvollen Unterschiedlichkeit.

Methoden & Impulse zur Bearbeitung:

- Interessenmatrix: In Kleingruppen werden die Interessen der Beteiligten gesammelt, sichtbar gemacht und auf ihre Vereinbarkeit hin analysiert.
- Emotionale Landkarte: Jede:r Teilnehmer:in markiert die eigenen emotionalen Reaktionen in einer konkreten Konfliktsituation. Wo entsteht Spannung? Was ist mir besonders wichtig?
- Kommunikationsdiagnose: Anhand eines realen Falls werden typische Blockaden identifiziert. Was wird nicht mehr gesagt? Wo ist der Dialog ins Stocken geraten?
- Rollenspiel mit Stoppsignalen: Eine Konfliktszene wird gespielt. Sobald ein Merkmal sichtbar wird, ruft die Gruppe „Stopp" und benennt es gemeinsam. Danach wird die Szene mit neuem Fokus fortgesetzt.

Reflexionsfragen:

- In welchen Situationen habe ich das Gefühl, dass Interessen unvereinbar sind? Wie gehe ich dann damit um?
- Welche Rolle spielen Emotionen in meinem persönlichen Konfliktverhalten?
- Wie erkenne ich Blockaden in der Kommunikation, bei mir selbst und bei anderen?

Konflikte sind komplexe Gebilde, in denen sich unterschiedliche Interessen, emotionale Reaktionen und kommunikative Blockaden überlagern. Diese drei Merkmale treten oft gemeinsam auf und verstärken sich gegenseitig. Wer Konflikte verstehen und bearbeiten möchte, sollte lernen, diese Merkmale frühzeitig zu erkennen, ernst zu nehmen und gezielt zu bearbeiten. So wird aus einer festgefahrenen Situation wieder ein handlungsfähiges Miteinander.

Der systemische Blick auf Konflikte

Wer einen Konflikt beobachtet, sieht meist zuerst das Offensichtliche: zwei Menschen mit unterschiedlichen Meinungen, Haltungen oder Interessen, die aneinandergeraten. Es wirkt so, als stünde das Verhalten einzelner Personen im Zentrum des Geschehens. Doch bei genauerer Betrachtung zeigt sich: Konflikte sind oft nur das sichtbare Symptom tieferliegender Dynamiken. Es geht nicht nur darum, was jemand sagt oder tut, sondern vielmehr darum, wie sich Beziehungen gestalten, wie Rollen verteilt sind und welche unausgesprochenen Regeln das Miteinander bestimmen. Genau hier beginnt der systemische Blick. Er lädt dazu ein, nicht nur auf die Beteiligten zu schauen, sondern auf das ganze System, in dem sie agieren. Das kann ein Team sein, eine Familie, ein Verein, eine Organisation oder eine Gemeinschaft. Der systemische Ansatz versteht Konflikte als Ausdruck von Beziehungsdynamiken und fragt danach, wie sich Menschen gegenseitig beeinflussen, wie Muster entstehen und wie sich bestimmte Verhaltensweisen durch Strukturen, Erwartungen und Kontexte stabilisieren. So rückt nicht mehr die einzelne Handlung in den Vordergrund, sondern das Zusammenspiel. Der Fokus verschiebt sich weg vom individuellen Fehlverhalten hin zur gemeinsamen Verantwortung für das, was zwischen den Beteiligten geschieht und sich über die Zeit hinweg verfestigt hat.

Der systemische Blick fragt nicht nur: Wer hat recht? Sondern auch: Wie trägt jede:r Beteiligte dazu bei, dass der Konflikt bestehen bleibt? Welche wiederkehrenden Verhaltensmuster gibt es? Welche Rollen werden im Konfliktgeschehen eingenommen? Welche unausgesprochenen Loyalitäten oder Tabus beeinflussen das Geschehen? Und welche Funktion erfüllt der Konflikt möglicherweise für das System? Solche Fragen ermöglichen eine tiefergehende Betrachtung und eröffnen neue Handlungsräume. Sie führen weg von einem linearen Ursache-Wirkungs-Denken hin zu einer zirkulären Perspektive, in der es nicht mehr darum geht, Schuldige zu benennen, sondern Beziehungen zu verstehen. Besonders in komplexen sozialen Systemen hilft diese Sichtweise dabei, Dynamiken sichtbar zu machen, die auf den ersten Blick unsichtbar bleiben. So kann etwa eine sich wiederholende Auseinandersetzung zwischen zwei Kolleg:innen

Ausdruck eines unausgesprochenen Loyalitätskonflikts gegenüber der Führung sein. Oder ein:e Mitarbeitende:r, die sich regelmäßig querstellt, übernimmt unbewusst die Rolle der:des Systemstabilisierenden, weil sie damit auf Missstände hinweist, die andere nicht benennen können. Wer so auf Konflikte blickt, erkennt in ihnen nicht nur Störung, sondern auch Botschaft. Denn viele Konflikte erfüllen eine Funktion: Sie machen auf Spannungen aufmerksam, die im System unter der Oberfläche wirken. Der Konflikt selbst wird so zum Hinweisgeber, zum Symptom und manchmal sogar zur notwendigen Reibung, die Veränderung ermöglicht. Wenn ein Konflikt nur auf das Verhalten Einzelner reduziert wird, verengt sich der Lösungsweg auf Schuldzuweisung oder Anpassung. Wird er hingegen als Systemphänomen verstanden, können auch strukturelle Bedingungen, Beziehungsmuster und Kommunikationsverläufe reflektiert und verändert werden. Dies erweitert die Handlungsmöglichkeiten aller Beteiligten und öffnet Räume für kreative, tragfähige Lösungen.

Ein zentrales Element des systemischen Denkens ist die Zirkularität. Statt Ursache und Wirkung linear zu betrachten, geht der systemische Ansatz davon aus, dass Verhalten immer in einem wechselseitigen Zusammenhang steht. Person A reagiert auf Person B, die wiederum auf Person A reagiert. Beide beeinflussen sich gegenseitig und sind Teil eines dynamischen Prozesses, der sich mit jeder Interaktion fortschreibt. Die Bedeutung liegt dabei nicht im Ursprung eines Verhaltens, sondern in dessen Wirkung auf das Gesamtsystem. Ein systemisches Verständnis fragt daher nicht: Wer hat angefangen? Sondern: Was hält dieses Muster aufrecht? Welche Mechanismen sorgen dafür, dass bestimmte Verhaltensweisen immer wiederkehren? Wer profitiert, bewusst oder unbewusst, davon, dass sich nichts verändert? Und welche anderen Möglichkeiten gäbe es, um das bestehende Muster zu unterbrechen? Diese Perspektive kann helfen, sich aus der Fixierung auf Schuld und Rechtfertigung zu lösen und stattdessen nach neuen Möglichkeiten der Beziehungsgestaltung zu suchen. Sie lädt dazu ein, den Blick zu weiten, eigene Beiträge zu hinterfragen und gemeinsam nach konstruktiven Alternativen zu suchen, die nicht auf Reaktion, sondern auf bewusste Gestaltung abzielen. Gerade in verfahrenen Konfliktsituationen kann dieser Zugang neue Türen öffnen: weg vom Gegeneinander, hin zu einem neugierigen Miteinander.

Ein weiterer wichtiger Aspekt ist die Betrachtung von Rollen. In vielen Konflikten übernehmen Menschen bestimmte Funktionen, oft unbewusst: die:der Ankläger:in, die:der Verteidiger:in, das Opfer, die:der Vermittler:in oder die:der Rückzieher:in. Diese Rollen sind nicht statisch, sondern können sich im Verlauf des Konflikts verändern oder zwischen den Beteiligten hin- und herwechseln. Entscheidend ist, dass diese Rollen oft mehr über das System als über die Einzelperson aussagen. Wer in einem System immer wieder bestimmte Rollen einnimmt, erfüllt damit möglicherweise eine verdeckte Aufgabe. So kann etwa eine dauerhafte Konfrontation zwischen zwei Teammitgliedern von der Unklarheit der Gesamtstruktur ablenken. Oder ein:e Mitarbeiter:in, die ständig in

Opposition geht, äußert damit eine Stimme, die im System ansonsten unterdrückt wird.

Auch das Konzept der Loyalität spielt in der systemischen Konfliktbetrachtung eine große Rolle. Menschen verhalten sich oft nicht nur aus persönlichen Motiven heraus, sondern auch aus einer tief verankerten Loyalität zu Gruppen, Werten oder Personen. In Familien etwa kann es sein, dass ein:e Jugendliche:r in den offenen Konflikt mit einem Elternteil geht, um unausgesprochen die Rolle eines abwesenden Elternteils zu spiegeln oder dessen Position zu verteidigen. In Teams kann es sein, dass bestimmte Themen nicht angesprochen werden, weil sie Loyalitätskonflikte hervorrufen würden: etwa zwischen der Treue zur Führungskraft und dem Wunsch nach Transparenz. Solche inneren Spannungsfelder sind selten sichtbar, beeinflussen das Verhalten aber maßgeblich. Wer systemisch arbeitet, versucht, diese Loyalitätsverflechtungen zu erkennen und ihnen respektvoll Raum zu geben. Dabei geht es nicht darum, Loyalität zu bewerten oder aufzulösen, sondern sie als Teil des Systems ernst zu nehmen. Häufig zeigen sich diese Bindungen in stillen Übereinkünften, in unausgesprochenen Verpflichtungen oder in der Angst, durch ehrliches Ansprechen von Konflikten jemanden zu verraten. In Gruppenprozessen kann das bedeuten, dass wichtige Themen ausgeklammert werden, um den inneren Zusammenhalt zu wahren. Doch genau das führt oft zu Spannungen, die an anderer Stelle eskalieren. Wer diese systemischen Loyalitäten in der Konfliktarbeit berücksichtigt, kann helfen, verdeckte Konfliktlinien sichtbar zu machen und Gesprächsräume zu schaffen, in denen Ambivalenz und Vielstimmigkeit Platz haben. Besonders hilfreich ist es, Loyalitäten nicht als Hindernis, sondern als Ausdruck von Zugehörigkeit zu würdigen. Erst wenn diese Zugehörigkeit gesichert ist, kann Veränderung auf einer tieferen Ebene stattfinden.Menschen verhalten sich oft nicht nur aus persönlichen Motiven heraus, sondern auch aus einer tief verankerten Loyalität zu Gruppen, Werten oder Personen. In Familien etwa kann es sein, dass ein:e Jugendliche:r in den offenen Konflikt mit einem Elternteil geht, um unausgesprochen die Rolle eines abwesenden Elternteils zu spiegeln oder dessen Position zu verteidigen. In Teams kann es sein, dass bestimmte Themen nicht angesprochen werden, weil sie Loyalitätskonflikte hervorrufen würden: etwa zwischen der Treue zur Führungskraft und dem Wunsch nach Transparenz. Solche inneren Spannungsfelder sind selten sichtbar, beeinflussen das Verhalten aber maßgeblich. Wer systemisch arbeitet, versucht, diese Loyalitätsverflechtungen zu erkennen und ihnen respektvoll Raum zu geben.

Ein systemischer Blick auf Konflikte bedeutet auch, den Kontext stärker einzubeziehen. Häufig ist das Verhalten, das im Konflikt als störend oder unangemessen wahrgenommen wird, eine nachvollziehbare Reaktion auf Bedingungen im System. Zeitdruck, unklare Zuständigkeiten, widersprüchliche Erwartungen oder mangelnde Wertschätzung können Konflikte verstärken oder sogar erst hervorrufen. Nicht die Einzelperson ist dann das Problem, sondern die Struktur, in der sie agiert. Wer Konflikte systemisch betrachtet, fragt also immer auch nach den Rahmenbedingungen, die zur Eskalation beigetragen haben. Dazu gehört auch die Auseinandersetzung mit organisationalen Werten, informellen Machtverhältnissen oder unausgesprochenen Erwartungen, die im Hintergrund das Verhalten prägen. Manchmal entsteht Konfliktverhalten aus der Notwendigkeit heraus, auf ein Ungleichgewicht aufmerksam zu machen oder einen inneren Widerspruch sichtbar zu machen. Ein:e Mitarbeiter:in, die sich verweigert, reagiert womöglich auf ein System, das Anforderungen stellt, ohne Ressourcen bereitzustellen. Oder ein:e Schüler:in, die ständig stört, bringt unbewusst das Spannungsfeld zwischen formellen Regeln und emotionaler Vernachlässigung auf den Punkt. Der Kontext ist damit nicht bloß Kulisse, sondern Mitgestalter des Geschehens. Wer ihn ernst nimmt, erweitert nicht nur das Verständnis für die Beteiligten, sondern auch die Chance auf nachhaltige Lösungen. Dieser Perspektivwechsel schützt vor vorschnellen Bewertungen und hilft, Konflikte ganzheitlicher zu verstehen, weil er Zusammenhänge beleuchtet, die im Alltag leicht übersehen werden.

Auch Kommunikation wird im systemischen Ansatz nicht nur als Austausch von Informationen verstanden, sondern als bedeutungsgebender Prozess. Jede Aussage erzeugt Wirkung, jede Reaktion erzeugt neue Bedeutungen. In Konflikten werden häufig Aussagen getroffen, die mehrschichtig sind: Was als sachlicher Vorwurf formuliert ist, kann in

Wirklichkeit ein Appell nach Anerkennung oder ein Ausdruck von Überforderung sein. Systemisches Denken sensibilisiert für diese Tiefenstruktur von Kommunikation und fördert ein achtsames, kontextsensitives Zuhören. Dabei wird nicht nur auf das Gesagte geachtet, sondern auch auf das Ungesagte, auf die Körpersprache, die Atmosphäre, die Wiederholungen und das, was alle wissen, aber niemand sagt.

Ein praktisches Instrument aus dem systemischen Repertoire ist das sogenannte zirkuläre Fragen. Dabei geht es nicht um die direkte Konfrontation, sondern um die Erweiterung des Blickwinkels. Statt direkt zu fragen: „Warum machen Sie das?", lautet eine zirkuläre Frage etwa: „Was glauben Sie, wie Ihr Verhalten auf die anderen wirkt?" oder „Wie würde eine außenstehende Person Ihre Auseinandersetzung beschreiben?". Solche Fragen fördern Reflexion, schaffen Distanz zum Geschehen und ermöglichen neue Einsichten, ohne dass jemand sich verteidigen muss. Sie machen es möglich, Muster zu erkennen, ohne zu beschuldigen.

Ein systemischer Blick auf Konflikte bedeutet also, sich nicht auf einzelne Personen oder isolierte Verhaltensweisen zu konzentrieren, sondern den sozialen Kontext, die Beziehungsmuster, die Rollenverteilungen und die strukturellen Bedingungen mit in die Betrachtung einzubeziehen. Diese Haltung eröffnet neue Räume für Verständnis, Veränderung und gemeinsame Lösungsfindung. Wer Konflikte als Ausdruck von Systemdynamiken versteht, kann konstruktiver damit umgehen und dazu beitragen, dass aus verhärteten Fronten wieder bewegliche Beziehungen werden.

Methoden & Impulse zur Bearbeitung:

- Systemanalyse in der Gruppe: Teilnehmer:innen analysieren gemeinsam ein Fallbeispiel aus ihrem Berufs- oder Lebensalltag anhand systemischer Leitfragen. Wer ist beteiligt? Welche Muster wiederholen sich? Welche Rollen werden sichtbar? Ziel ist es, ein Gespür für die Verflechtung individueller und systemischer Dynamiken zu entwickeln.
- Dynamiken aufstellen: Mithilfe einer Bodenanker-Aufstellung oder mit Moderationskarten wird eine Konfliktsituation räumlich

dargestellt. Teilnehmer:innen übernehmen Rollen und spiegeln systemische Spannungen, Sichtachsen und Blockaden. So werden unbewusste Beziehungen und Loyalitäten sichtbar.

- Loyalitäten benennen: In Kleingruppen reflektieren Teilnehmer:innen verdeckte Loyalitäten und inneren Bindungen, die ihr Konfliktverhalten beeinflussen. Dabei wird auch erkundet, wie diese Loyalitäten gewürdigt und zugleich neue Spielräume geschaffen werden können.
- Kontextschichten erkennen: Eine Konfliktsituation wird unter Einbezug des strukturellen Rahmens untersucht. Welche Faktoren wie Hierarchie, Zeitdruck, Kommunikationskultur oder Rollenerwartungen verstärken das Konfliktverhalten?
- Musterunterbrechung trainieren: In Rollenspielen werden typische Eskalationsmuster identifiziert. Anschließend erproben die Teilnehmer:innen systemische Interventionen, die helfen, das Muster zu durchbrechen und alternative Reaktionen zu ermöglichen.
- Kommunikationsmuster sichtbar machen: Mithilfe einer Flipchart oder Moderationswand wird ein Konfliktverlauf dargestellt. Wer sagt was? Wann kommt es zur Eskalation? Welche Reaktionen wiederholen sich?

Reflexionsfragen:

- Welche wiederkehrenden Muster erkenne ich in meinen Konflikten?
- In welchen Systemen fühle ich mich festgelegt auf bestimmte Rollen?
- Was könnte sich verändern, wenn ich den Konflikt nicht mehr nur individuell, sondern systemisch betrachte?

Der systemische Blick eröffnet neue Wege des Verstehens. Konflikte sind keine isolierten Ereignisse, sondern Ausdruck von Beziehungsdynamiken und Systemverflechtungen. Wer diese erkennt, erweitert seine Handlungsfähigkeit und kann tieferliegende Ursachen benennen, ohne Schuld zuzuweisen. Dadurch wird echte Veränderung möglich, nicht nur im Verhalten, sondern im ganzen System.

Formen und Arten von Konflikten

Wer Konflikte besser verstehen und professionell bearbeiten möchte, braucht ein klares Verständnis ihrer unterschiedlichen Formen. Denn Konflikte sind nicht gleich Konflikte. Sie unterscheiden sich in ihrer Ursache, in ihrer Ausdrucksform, in ihrer emotionalen Tiefe und auch darin, auf welcher Ebene sie entstehen. Ein Zielkonflikt verlangt nach anderen Lösungsstrategien als ein Beziehungskonflikt. Ein innerer Konflikt wirkt anders als ein Gruppenkonflikt. Deshalb ist es hilfreich, die gängigen Konfliktformen zu kennen und zu erkennen, mit welcher Art von Spannungsfeld man es gerade zu tun hat. Diese Differenzierung ermöglicht es, Konflikte präziser zu analysieren und gezielter zu begleiten. Sie hilft dabei, sich nicht in oberflächlichen Symptomen zu verlieren, sondern das eigentliche Thema zu identifizieren, das unter der Oberfläche wirkt. Wer die unterschiedlichen Konfliktarten erkennt, kann schneller einschätzen, ob eine sachliche Klärung ausreicht oder ob eine tiefere Beziehungsarbeit notwendig ist. Gleichzeitig fördert die Kenntnis von Konflikttypen die Fähigkeit, angemessen zu reagieren: mit Klarheit bei Sachkonflikten, mit Empathie bei Beziehungskonflikten, mit Rollenklarheit bei strukturellen Spannungen und mit innerer Reflexion bei persönlichen Dilemmata. So wird eine differenzierte Sicht auf das Phänomen Konflikt zur Grundlage gelingender Kommunikation, tragfähiger Lösungen und langfristiger Beziehungsqualität.

Sachkonflikte

Zu den am häufigsten auftretenden Konfliktformen gehören Sachkonflikte. Hier stehen sachliche Themen oder Ziele im Mittelpunkt. Zwei oder mehr Parteien haben unterschiedliche Vorstellungen davon, wie ein bestimmtes Vorhaben umgesetzt werden soll, wie Ressourcen verteilt werden oder wie Strukturen innerhalb eines Systems gestaltet sein sollen. Klassische Beispiele sind Zielkonflikte, bei denen unterschiedliche Zukunftsvisionen miteinander konkurrieren, oder Verteilungskonflikte, bei denen um begrenzte Ressourcen wie Zeit, Geld oder Aufmerksamkeit gerungen wird. Auch Strukturkonflikte gehören zu dieser Kategorie. Sie entstehen, wenn organisatorische Vorgaben, Rollen oder Abläufe unklar, widersprüchlich oder unpraktikabel sind. Besonders herausfordernd sind Strukturkonflikte dann, wenn sie mit rigiden Hierarchien oder mangelnder Transparenz einhergehen. Sachkonflikte finden sich häufig in Arbeitskontexten, aber auch im privaten Bereich, etwa wenn es um die Organisation des Alltags, um die Priorisierung von Aufgaben oder um finanzielle Fragen geht. Obwohl Sachkonflikte zunächst rational erscheinen, sind sie oft mit starken Emotionen verbunden. Denn hinter jeder sachlichen Forderung steht meist ein Bedürfnis, das erfüllt werden soll: etwa nach Einfluss, Kontrolle, Sicherheit oder Anerkennung. Wenn diese Bedürfnisse nicht wahrgenommen oder missachtet werden, verschiebt sich der Fokus des Konflikts schnell von der Sachebene auf die Beziehungsebene. Was als scheinbar nüchterne Diskussion beginnt, kann dann emotional eskalieren, weil die Beteiligten das Gefühl haben, nicht gehört oder nicht ernst genommen zu werden. Umso wichtiger ist es, auch in sachlichen Auseinandersetzungen auf die Zwischentöne zu achten und das emotionale Klima mit in den Blick zu nehmen. Erst wenn Sach- und Beziehungsebene gleichermaßen berücksichtigt werden, kann ein solcher Konflikt nachhaltig bearbeitet werden.

Beziehungskonflikte

Eine zweite große Kategorie bilden Beziehungskonflikte. Hier stehen nicht Themen oder Ziele im Vordergrund, sondern das Miteinander selbst. Beziehungskonflikte entstehen durch Störungen im Vertrauen, in der Kommunikation oder im gegenseitigen Verständnis. Oft geht es um verletzte Gefühle, um enttäuschte Erwartungen oder um unausgesprochene Kränkungen. Die Atmosphäre ist angespannt, Gespräche verlaufen stockend oder eskalieren schnell. Beziehungskonflikte sind häufig diffus. Sie entstehen nicht selten aus vielen kleinen Momenten, die sich über die Zeit aufbauen. Ein Kommentar, ein Blick, eine Geste kann reichen, um ein Gefühl der Ablehnung oder Missachtung auszulösen. Besonders tückisch ist, dass Beziehungskonflikte oft nicht direkt benannt werden. Stattdessen äußern sie sich in Rückzug, in Ironie, in stummer Ablehnung oder in einem Gefühl von Kälte. Sie zeigen sich auch in subtilen Dynamiken wie Überanpassung, anhaltendem Misstrauen oder chronischer Gereiztheit. Die Kommunikation wird selektiv, unausgesprochene Erwartungen dominieren das Miteinander und die Bereitschaft zum offenen Dialog sinkt. Häufig entstehen Rollenfixierungen: eine Person übernimmt dauerhaft die Verantwortung, während die andere sich entzieht oder innerlich abschaltet. Diese eingefahrenen Muster erschweren die Kontaktaufnahme und lassen Beziehungskonflikte über längere Zeiträume hinweg bestehen.

Besonders heikel ist, dass Beziehungskonflikte sich oft auf weitere Beziehungen übertragen. Das Klima in einem Team, einer Familie oder einer Partnerschaft verändert sich, auch wenn nicht alle direkt in den Konflikt involviert sind. Emotionen wie Unsicherheit, Loyalitätskonflikte oder verdeckte Allianzen wirken sich auf das gesamte Beziehungssystem aus. Häufig entstehen dabei sogenannte sekundäre Konflikte, die nur oberflächlich mit dem eigentlichen Thema zu tun haben, aber aus der nicht bearbeiteten Spannung heraus entstehen. Der Konflikt verlagert sich, wird komplexer und schwerer greifbar.

Wer solche Konflikte bearbeiten möchte, braucht viel Sensibilität, eine hohe emotionale Präsenz und den Mut, Dinge auszusprechen, die schmerzen können. Gleichzeitig braucht es das Vertrauen, dass auch schmerzhafte Wahrheiten Beziehung nicht zerstören, sondern klären und vertiefen können, wenn sie achtsam geäußert werden. Beziehungskonflikte erfordern eine Haltung des Zuhörens, der Empathie und die Bereitschaft, nicht nur verstanden zu werden, sondern auch selbst verstehen zu wollen. Es braucht Gesprächsräume, in denen keine Bewertung im Vordergrund steht, sondern echtes Interesse am Erleben der anderen Person. Nur so können Missverständnisse geklärt, Vertrauen aufgebaut und Beziehungen gestärkt werden.

Rollenkonflikte

Ebenfalls häufig sind Rollenkonflikte. Sie entstehen dann, wenn unklare, widersprüchliche oder überfordernde Erwartungen an eine bestimmte Rolle gestellt werden. Dabei kann man zwischen Intrarollenkonflikten und Interrollenkonflikten unterscheiden. Intrarollenkonflikte treten auf, wenn innerhalb einer Rolle verschiedene, sich widersprechende

Anforderungen bestehen. Ein Beispiel wäre eine Führungskraft, die gleichzeitig motivieren und kontrollieren soll. Interrollenkonflikte hingegen entstehen, wenn verschiedene Rollen miteinander kollidieren. Eine Person ist etwa gleichzeitig Kolleg:in und Vorgesetzte:r, Elternteil und Berufstätige:r, oder Freund:in und Berater:in.

Diese unterschiedlichen Rollen bringen verschiedene Werte, Haltungen und Erwartungen mit sich, die sich nicht immer leicht miteinander vereinbaren lassen. Besonders herausfordernd wird es, wenn die Rollenerwartungen von außen nicht offen kommuniziert werden, sondern unausgesprochen im Raum stehen. Das erzeugt Unsicherheit und erhöht den inneren Druck, es allen recht machen zu wollen. Rollenkonflikte sind besonders belastend, weil sie oft mit Loyalitätskonflikten und innerer Zerrissenheit einhergehen. Man fühlt sich zerrieben zwischen widersprüchlichen Anforderungen und erlebt gleichzeitig die Angst, durch eine klare Entscheidung eine Beziehung zu gefährden oder Erwartungen zu enttäuschen. Hinzu kommt, dass die Betroffenen häufig das Gefühl haben, allein mit dem Dilemma zu sein, da Rollenkonflikte selten thematisiert oder offen besprochen werden. Hier braucht es eine bewusste Auseinandersetzung mit der eigenen Rolle, mit den damit verbundenen Werten und mit der Frage, welche Klarheit oder Abgrenzung nötig ist. Oft hilft es, die Rollenerwartungen im Dialog zu klären, aktiv Feedback einzuholen und sich darüber bewusst zu werden, welche Rollen man selbst gewählt hat und welche einem zugeschrieben wurden. Diese Reflexion eröffnet neue Spielräume, in denen Handlungsfreiheit und Rollenklarheit wachsen können.

Innere Konflikte

Eine weitere wichtige Konfliktform sind innere Konflikte. Sie finden nicht zwischen Personen statt, sondern innerhalb eines Menschen. Innere Konflikte sind Ausdruck widersprüchlicher Bedürfnisse, Wünsche oder Werte, die gleichzeitig präsent sind und sich gegenseitig blockieren. Ein Mensch will sich verändern und zugleich bleibt er lieber in der Komfortzone. Eine Entscheidung muss getroffen werden, aber jede Option hat einen Preis. Innere Konflikte sind leise, aber mächtig. Sie erzeugen Unruhe, Unsicherheit und oft ein Gefühl der Lähmung. Die Spannung entsteht häufig dadurch, dass keine der inneren Seiten vollständig unterdrückt oder ignoriert werden kann, weil beide Anliegen eine tiefere Bedeutung für die betreffende Person haben. Innere Konflikte können sich über lange Zeiträume hinziehen und das Denken, Fühlen und Handeln stark beeinflussen. Sie zeigen sich oft in innerer Zerrissenheit, in Grübelschleifen oder in einem Wechsel von Antrieb und Rückzug.

Manche Menschen erleben sie als lähmend, während andere in scheinbar endlose Aktivität flüchten, um der inneren Spaltung auszuweichen. Innere Konflikte wirken oft im Verborgenen und werden von außen nicht sofort erkannt, auch wenn sie großen Einfluss auf Verhalten und Entscheidungsprozesse haben. Sie können zu Prokrastination, Entscheidungsschwäche, innerer Unruhe oder psychosomatischen Beschwerden führen. Gerade weil sie so tief im Inneren wirken, brauchen sie besondere Aufmerksamkeit und ein hohes Maß an Selbstreflexion.

Der erste Schritt zur Bearbeitung liegt oft darin, die verschiedenen inneren Anteile anzuerkennen, ihnen einen Ausdruck zu geben und sich selbst zuzuhören, ohne sofort nach einer Lösung zu suchen. Das Ziel ist nicht, einen Anteil zu besiegen, sondern in einen inneren Dialog zu treten, der beide Seiten würdigt und auf dieser Basis eine neue Entscheidung ermöglicht.

Besonders intensiv werden innere Konflikte erlebt, wenn sie mit grundlegenden Werten, Lebensentscheidungen oder der Identität einer Person verknüpft sind. Dann geht es nicht mehr nur um Alltagsthemen, sondern um existenzielle Fragen: Welcher Lebensweg passt wirklich zu mir? Welche Werte will ich leben? Was darf ich mir selbst erlauben? In solchen Momenten braucht es einen inneren Raum der Achtsamkeit, der es erlaubt, alle Anteile ernst zu nehmen und ihre Botschaft zu verstehen.

Wer mit Menschen arbeitet, die sich in inneren Konflikten befinden, muss sehr genau hinhören und auf Zwischentöne achten. Hier geht es weniger um Lösung im klassischen Sinn, sondern um Klärung: Was steht wirklich auf dem Spiel? Welche inneren Stimmen wollen gehört werden? Und wie kann ein Weg entstehen, der beiden Polen gerecht wird? Die Begleitung solcher Prozesse erfordert eine Haltung der Offenheit, der Geduld und des Vertrauens in die innere Weisheit der betroffenen Person. Oft ist es hilfreich, die inneren Anteile symbolisch sichtbar zu machen, zum Beispiel in Form von Aufstellungen, kreativen Dialogen oder durch das Schreiben aus verschiedenen inneren Perspektiven. So entsteht ein Raum, in dem innere Konflikte nicht als Schwäche, sondern als Ausdruck von Reifung, Entwicklung und innerem Wachstum verstanden werden können.

Paarkonflikte

Neben diesen thematischen Konfliktformen lassen sich Konflikte auch nach ihrer sozialen Struktur klassifizieren. So spricht man etwa von Paarkonflikten, wenn zwei Personen in einer engen Beziehung, sei es privat oder beruflich, regelmäßig in Auseinandersetzungen geraten. Diese Konflikte sind oft emotional aufgeladen und berühren zentrale Themen wie Vertrauen, Nähe, Freiheit oder Verantwortung. Sie sind häufig durch wiederkehrende Muster geprägt, in denen alte Verletzungen aktiviert werden und die Gesprächskultur leidet. Paarkonflikte haben oft eine tiefe persönliche Bedeutung, weil sie auf der Ebene der Beziehungserfahrung, der Bindung und der Identität stattfinden. Gerade deshalb werden sie oft mit hoher Intensität geführt und können schwer zu lösen sein, solange es keine Bereitschaft gibt, die tieferliegenden Beziehungsthemen offen anzusprechen.

Dreieckskonflikte

Dreieckskonflikte entstehen, wenn eine dritte Person in ein bereits bestehendes Spannungsfeld hineingezogen wird. Das kann bewusst oder unbewusst geschehen. Klassisch ist die Konstellation, in der zwei Personen im Konflikt stehen und eine dritte Person zwischen beiden vermittelt oder als Verbündete:r gesucht wird. Dreieckskonflikte haben eine hohe Dynamik, weil sie Allianzen, Loyalitäten und Machtverhältnisse berühren. Häufig werden Spannungen über diese dritte Person reguliert, wodurch sich eine direkte Klärung zwischen den ursprünglichen Konfliktparteien erschwert. Es entstehen Abhängigkeiten, verdeckte Koalitionen oder stille Ausgrenzungsmechanismen. In Systemen wie Familien, Teams oder Schulklassen sind solche Dreiecksverflechtungen sehr häufig, oft unbewusst stabilisierend, aber langfristig blockierend. Sie führen leicht zu Stellvertreterkonflikten und emotionalen Belastungen, die kaum offen angesprochen werden.

Besonders heikel ist, dass die dritte Person häufig zwischen widersprüchlichen Erwartungen steht. Sie soll gleichzeitig vermitteln, loyal bleiben, neutral wirken oder Partei ergreifen: Anforderungen, die sich oft gegenseitig ausschließen. Dadurch kann ein massiver innerer Druck entstehen, der sich in Erschöpfung, Rückzug oder übermäßiger Verantwortungsübernahme äußert. Nicht selten wird die dritte Person zur Projektionsfläche für nicht ausgetragene Gefühle der beiden anderen, etwa für Enttäuschung, Ärger oder Schuld. Der eigentliche Konflikt wird dann verlagert und entzieht sich der direkten Bearbeitung. Auf diese Weise kann sich ein ursprünglich klarer Konflikt zu einem komplexen Beziehungsgeflecht auswachsen, das nur schwer entwirrbar scheint.

Dreieckskonflikte können aufgelöst oder zumindest entschärft werden, wenn die Beteiligten bereit sind, ihren eigenen Anteil am Geschehen zu reflektieren und aus der indirekten Kommunikation auszusteigen. Erst wenn die beiden ursprünglichen Parteien wieder in einen direkten Dialog treten und ihre Anliegen ehrlich formulieren, kann die dritte Person entlastet werden. Ein bewusstes Zurücktreten aus der vermittelnden Rolle kann hier ein wichtiger Schritt sein, ebenso wie das Schaffen sicherer Kommunikationsräume, in denen alle Perspektiven gehört und gewürdigt werden.

Gruppenkonflikte

Gruppenkonflikte schließlich betreffen mehrere Personen oder ganze Teams. Sie entstehen häufig durch unklare Zuständigkeiten, ungleiche Beteiligung oder unausgesprochene Hierarchien. Gruppenkonflikte sind komplex, weil viele Perspektiven aufeinandertreffen und oft verschiedene Konfliktformen gleichzeitig wirksam sind. Es kann sich eine Polarisierung entwickeln, in der Gruppen gegeneinanderstehen, und einzelne Stimmen überhört oder bewusst ausgegrenzt werden. Besonders herausfordernd ist, dass Gruppenkonflikte das soziale Klima stark beeinflussen und nachhaltige Auswirkungen auf Motivation, Kooperation und Vertrauen haben. Gleichzeitig bieten sie, wenn sie gut begleitet werden, ein enormes Lernfeld für kollektive Aushandlung, gemeinsame Verantwortung und Beziehungsklärung im sozialen Raum.

Diese Formen und Arten von Konflikten überschneiden sich in der Praxis häufig. Ein Beziehungskonflikt kann sich hinter einem Sachkonflikt verbergen. Ein Rollenkonflikt kann zu einem inneren Konflikt führen. Ein Gruppenkonflikt kann durch eine Dreieckskonstellation ausgelöst werden. Deshalb ist es hilfreich, Konflikte nicht vorschnell einzuordnen, sondern sie mit Aufmerksamkeit und Offenheit zu erkunden. Die Frage ist weniger: Welche Form liegt vor? Sondern vielmehr: Welche Ebenen sind beteiligt? Welche Dynamiken wirken zusammen? Und was braucht es, um den Knoten zu lösen?

Methoden & Impulse zur Bearbeitung:

- Konfliktformen sortieren: Mit Karten oder anhand von Fallbeispielen werden verschiedene Konflikte typisiert. Ziel ist es, zwischen Sach-, Beziehungs-, Rollen- und inneren Konflikten unterscheiden zu lernen.
- Rollenanalyse: Teilnehmer:innen reflektieren eigene Rollen und die damit verbundenen Erwartungen. In Kleingruppen wird besprochen, welche Konflikte daraus entstehen können und wie Klarheit geschaffen werden kann.
- Innerer Dialog: Eine geführte Übung, in der Teilnehmer:innen zwei gegensätzliche innere Stimmen zu Wort kommen lassen. Ziel ist es, den inneren Konflikt sichtbar zu machen und eine versöhnliche Perspektive zu entwickeln.
- Strukturaufstellung: Gruppenkonflikte oder Dreieckskonflikte werden räumlich dargestellt, um systemische Verflechtungen sichtbar zu machen. Dabei werden Rollen und Beziehungsmuster erkundet.

Reflexionsfragen:

- Mit welchen Konfliktformen habe ich beruflich oder privat am häufigsten zu tun?
- Welche meiner Rollen sind konfliktanfällig, und warum?
- Wann war ich zuletzt in einem inneren Konflikt? Was hat mir geholfen, Klarheit zu finden?

Konflikte treten in unterschiedlichen Formen auf. Sie betreffen Sachfragen, Beziehungen, Rollen oder das innere Erleben. Wer die Unterschiede erkennt und versteht, kann Konflikte gezielter analysieren und bearbeiten. Eine differenzierte Betrachtung hilft, die passenden Werkzeuge auszuwählen und das Geschehen in seiner Tiefe zu erfassen. So wird Konfliktkompetenz zur Fähigkeit, zwischen den Ebenen zu unterscheiden und achtsam zu intervenieren.

Modelle zum Konfliktverständnis: Eskalationsmodell nach Glasl

Wenn Konflikte sich entwickeln, verlaufen sie selten spontan und zufällig. Vielmehr folgen sie oft einem wiederkehrenden Muster, das sich in mehreren Stufen vollzieht. Konflikte wachsen, verändern sich, durchlaufen verschiedene Phasen und nehmen dabei eine Eigendynamik an, die für die Beteiligten mitunter schwer zu durchschauen ist. Genau diese Dynamik zu verstehen und handhabbar zu machen, ist eines der zentralen Anliegen professioneller Konfliktbearbeitung. In diesem Zusammenhang ist das Eskalationsmodell von Friedrich Glasl von besonderer Bedeutung. Es gehört zu den bekanntesten und praxisorientiertesten Modellen zur Beschreibung von Konfliktverläufen. Glasl geht davon aus, dass sich ein Konflikt nicht plötzlich zuspitzt, sondern sich über klar erkennbare Stufen hinweg entwickelt. Jede dieser Stufen ist durch spezifische Merkmale gekennzeichnet, die beobachtbar sind und die Rückschlüsse auf die Tiefe der Eskalation und die notwendigen Interventionsstrategien zulassen.

Das Modell von Glasl ist in der Praxis breit anerkannt und hat seinen festen Platz in der Beratung, Mediation, Supervision und Organisationsentwicklung. Es bietet nicht nur eine sprachliche und analytische Struktur, um Konflikte besser beschreiben zu können, sondern es sensibilisiert auch dafür, dass Konflikte eskalieren, wenn sie nicht beachtet oder bewusst ignoriert werden. Es zeigt auf, wie sich die Kommunikationsformen verändern, wie sich Wahrnehmungen verengen, wie Feindbilder entstehen und wie aus einem sachlichen Problem ein persönlicher Angriff oder gar ein destruktiver Machtkampf werden kann. Dabei steht nicht die Schuldfrage im Vordergrund, sondern die differenzierte Beobachtung von typischen Verhaltensmustern, Kommunikationsveränderungen und Beziehungsspannungen, die im Verlauf eines ungelösten Konflikts zunehmen.

Besonders wertvoll ist das Eskalationsmodell deshalb, weil es nicht nur eine diagnostische, sondern auch eine handlungsleitende Funktion erfüllt. Es ermöglicht Fachpersonen, Führungskräften und allen, die mit Menschen arbeiten, zu erkennen, auf welcher Eskalationsstufe sich ein

Konflikt aktuell befindet. Daraus lassen sich dann angemessene Maßnahmen ableiten: von der Förderung offener Kommunikation in frühen Phasen bis hin zu externen Interventionen oder strukturellen Veränderungen in tiefer eskalierten Konflikten. Die Klarheit über den Eskalationsgrad hilft dabei, weder zu früh noch zu spät zu reagieren und Interventionen mit der notwendigen Sensibilität und Tiefe zu gestalten.

Ein zentrales Merkmal des Glasl-Modells ist die Idee, dass Konflikte auf einer unteren Stufe noch gut bearbeitbar sind, dass jedoch mit jeder weiteren Eskalationsstufe neue Herausforderungen hinzukommen, die das Miteinander zunehmend belasten. Die Wahrnehmung verengt sich, Vertrauen wird abgebaut, die Beziehungsebene wird stärker belastet und die Handlungsmöglichkeiten der Beteiligten nehmen ab. Damit wächst auch die Gefahr, dass destruktive Muster überhandnehmen und der Konflikt sich verselbstständigt. Genau in dieser Dynamik liegt die große Bedeutung des Modells: Es macht deutlich, dass frühes Erkennen und frühes Handeln entscheidend sind. Es erinnert daran, dass Konflikte nicht plötzlich entstehen, sondern sich entwickeln, und dass dieser Prozess gestoppt, unterbrochen oder transformiert werden kann.

Glasls Modell umfasst insgesamt neun Eskalationsstufen, die in drei Hauptbereiche gegliedert sind. Diese reichen von sachlichen Spannungen über emotional aufgeladene Auseinandersetzungen bis hin zur totalen Konfrontation. Jede Stufe ist differenziert beschrieben und gibt Einblick in die psychologischen Prozesse, die auf Seiten der Beteiligten ablaufen. Dabei werden nicht nur äußere Verhaltensweisen betrachtet, sondern auch innere Haltungen, Ängste, Schutzmechanismen und Beziehungsmuster. Das Modell schärft somit den Blick für die Komplexität menschlichen Miteinanders und fordert dazu auf, nicht nur auf das Offensichtliche zu reagieren, sondern tiefer zu schauen: Was treibt das Verhalten an? Welche Dynamik steht dahinter? Und wie kann dieser Prozess verantwortungsvoll begleitet werden?

Bevor wir die einzelnen Stufen des Modells im Detail betrachten, ist es hilfreich, sich der eigenen Haltung im Umgang mit Konflikten bewusst zu werden. Denn jedes Modell, so klar es auch ist, lebt von der inneren

Bereitschaft, Konflikte nicht zu vermeiden, sondern sie anzuschauen, zu verstehen und gemeinsam zu bearbeiten. Der Umgang mit Eskalation verlangt nicht nur Fachwissen, sondern auch Mut, Empathie, Geduld und die Fähigkeit zur Selbstreflexion. Wer das Eskalationsmodell von Glasl nicht als rein theoretisches Konstrukt, sondern als lebendige Orientierungshilfe begreift, wird es als kraftvolles Werkzeug erleben, das in der Praxis nachhaltige Veränderungen ermöglichen kann.

Konflikte sind dynamisch. Sie bewegen sich. Sie verändern sich. Und sie lassen sich beeinflussen: durch Präsenz, durch Klarheit, durch Haltung und durch bewusstes Handeln. Genau darin liegt die große Chance: Eskalation ist kein unausweichliches Schicksal, sondern ein Prozess, der verstehbar, unterbrechbar und gestaltbar ist. Das Modell von Friedrich Glasl bietet einen Schlüssel, diesen Prozess zu lesen und Verantwortung zu übernehmen, für sich selbst, für andere und für das gemeinsame Miteinander.

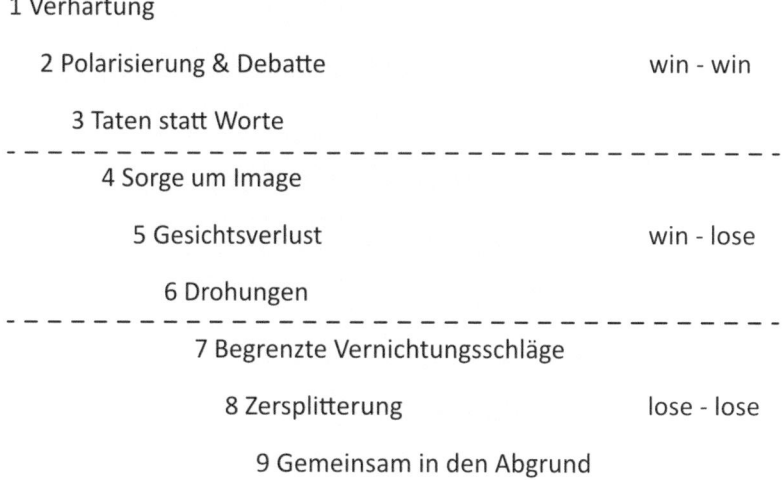

Eskalationsstufen 1 - 3: „win - win"

Die ersten drei Stufen der Eskalation beschreiben den Bereich, in dem die Chancen zur Deeskalation und Konfliktklärung noch besonders hoch sind. Diese Phase ist geprägt von Spannungen, Missverständnissen, unterschiedlichen Sichtweisen und einer beginnenden Polarisierung, die jedoch noch nicht festgefahren ist. Auf diesen Stufen besteht ein beidseitiges Interesse an Lösungen, auch wenn die Kommunikation bereits belastet sein kann. Die Betroffenen haben in der Regel noch Zugang zur eigenen Reflexionsfähigkeit, zur Perspektivübernahme und zur Bereitschaft, sich selbstkritisch mit dem eigenen Anteil auseinanderzusetzen.

Stufe 1: Verhärtung

In der ersten Stufe beginnt der Konflikt meist schleichend. Unterschiedliche Auffassungen über Ziele, Vorgehensweisen oder Bewertungen stehen im Raum. Die Beteiligten erleben erste Irritationen, aber es dominiert noch das Bemühen um Verständigung. Der Austausch ist weitgehend sachlich, auch wenn unterschwellig bereits Spannung spürbar ist. Man spricht miteinander, erklärt sich, diskutiert, versucht Argumente zu finden. Die Wahrnehmung des anderen ist noch nicht verzerrt, die Beziehung ist belastbar. Gleichzeitig wird bereits deutlich, dass Unterschiede bestehen und dass es Mühe kostet, gemeinsame Schnittmengen zu finden. Diese Stufe ist charakterisiert durch sachliche Debatten mit emotionalem Unterton. Wenn hier nicht aufgepasst wird, können sich erste Missverständnisse verfestigen, Annahmen werden nicht mehr überprüft, sondern als gegeben vorausgesetzt. Es entsteht das Risiko, dass aus einer Meinungsverschiedenheit ein persönlicher Konflikt wird.

Diese Phase des beginnenden Konflikts ist besonders sensibel, weil sie leicht übersehen oder bagatellisiert wird. Die Beteiligten nehmen die Spannungen zwar wahr, deuten sie aber oft nicht als etwas Ernstes. Sie gehen davon aus, dass sich die Sache mit einem Gespräch klären lässt oder dass es sich um ein temporäres Missverständnis handelt. Genau darin liegt eine große Gefahr: Werden erste Anzeichen ignoriert, entwickeln sich unter der Oberfläche Denk- und Gefühlsmuster, die später schwerer zu korrigieren sind. Gerade in Arbeitskontexten oder in pädagogischen und psychosozialen Feldern ist die Tendenz weit verbreitet, Spannungen zu rationalisieren oder zu entemotionalisieren. Aussagen wie „Das ist halt seine Art" oder „Das wird sich schon legen" verhindern, dass eine echte Auseinandersetzung stattfinden kann.

Auf der ersten Eskalationsstufe bleibt die Beziehung zwischen den Beteiligten grundsätzlich intakt. Es bestehen noch Sympathie, Respekt und gegenseitige Wertschätzung. Der Blick auf das Gegenüber ist differenziert, auch wenn man sich über bestimmte Punkte nicht einig ist. Diese Differenzierung ist entscheidend, denn sie ermöglicht einen Dialog, der von gegenseitiger Anerkennung getragen wird. Die Beteiligten sind noch in der Lage, sich selbst zu reflektieren, eigene Beiträge zur Unstimmigkeit zu erkennen und sich auf der Beziehungsebene zu begegnen. Wenn es gelingt, diesen Zustand zu erhalten oder wiederherzustellen, stehen die Chancen für eine konstruktive Konfliktbearbeitung sehr gut. In dieser Phase liegt der Fokus oft noch auf der Sachebene. Die Beteiligten bemühen sich darum, ihre Argumente klar zu machen, Positionen zu erklären und rationale Lösungen zu finden. Dabei kann es leicht passieren, dass emotionale Anteile übersehen oder verdrängt werden. Ein unterschwelliges Unbehagen, kleine Kränkungen oder Irritationen bleiben dann unausgesprochen, wirken aber weiter. Diese ungeklärten Emotionen bilden einen Nährboden für spätere Eskalationen. Wenn etwa eine Person sich nicht ernst genommen fühlt, aber dies nicht äußert, kann sich daraus ein Groll entwickeln, der in späteren Stufen eine zentrale Rolle spielt. Daher ist es gerade auf dieser ersten Stufe so wichtig, nicht nur auf die Inhalte des Konflikts zu achten, sondern auch auf die Stimmung, auf Körpersprache, auf Pausen und auf das, was nicht gesagt wird.

Ein weiteres typisches Merkmal der ersten Eskalationsstufe ist das sogenannte „innere Abwägen". Die Beteiligten sind in einem Zustand der Unentschiedenheit: Sie spüren, dass etwas nicht stimmt, wissen aber noch nicht, ob und wie sie es ansprechen sollen. Dieses innere Ringen führt oft dazu, dass wichtige Themen vertagt oder nur angedeutet werden. Es besteht eine gewisse Scheu, Konflikte zu benennen, aus Sorge, die Beziehung zu belasten oder als überempfindlich zu gelten. Hier beginnt bereits eine erste Verzerrung: das Bedürfnis nach Harmonie überlagert die Notwendigkeit, Differenzen zu klären. In vielen Organisationen oder Teams ist diese Haltung strukturell verankert, etwa durch unausgesprochene Regeln wie „Wir sprechen Probleme nur an, wenn sie wirklich groß sind" oder „Man muss nicht alles thematisieren". Solche Haltungen führen dazu, dass kleinere Irritationen übergangen werden, bis sie sich aufstauen und dann mit größerer Wucht hervorbrechen.

Besonders spannend ist auf dieser Stufe auch der Aspekt der Interpretation. Unterschiedliche Kommunikationsstile, kulturelle Prägungen oder persönliche Erfahrungswelten führen dazu, dass Aussagen unterschiedlich verstanden werden. Eine sachlich gemeinte Bemerkung kann beim Gegenüber emotional ankommen, ohne dass dies beabsichtigt war. In dieser frühen Phase des Konflikts ist es deshalb zentral, aufmerksam zuzuhören, nachzufragen und die eigene Wirkung zu reflektieren. Wer es schafft, in dieser Phase aktiv eine Kultur der Rückmeldung und der Klärung zu fördern, legt das Fundament für ein gesundes Konfliktverhalten.

Schließlich ist die erste Eskalationsstufe auch ein Prüfstein für die Kommunikationskultur eines Systems. Inwiefern gibt es Möglichkeiten, Differenzen offen anzusprechen? Welche Haltung herrscht gegenüber Kritik? Wird die Auseinandersetzung als Bedrohung oder als Chance gesehen? Organisationen, Teams oder Familien, in denen konstruktive Dialoge möglich sind, schaffen es häufiger, Konflikte bereits in dieser frühen Phase zu klären. Sie haben gelernt, Unterschiedlichkeit auszuhalten und als Ressource zu begreifen. Dort, wo Konflikte hingegen als Störung oder persönliches Scheitern betrachtet werden, entsteht ein Klima des Schweigens, das spätere Eskalationen nahezu vorprogrammiert.

Zusammenfassend lässt sich sagen: Die erste Stufe der Eskalation ist ein kritischer Moment mit großem Potenzial. Wer genau hinsieht, aufmerksam kommuniziert und auch die leisen Signale ernst nimmt, kann hier deeskalierend wirken, bevor sich Muster verfestigen. Es geht darum, Spannung nicht zu vermeiden, sondern als Hinweis zu verstehen: Etwas braucht Aufmerksamkeit. Etwas ist noch nicht geklärt. Und genau darin liegt die Chance, den Weg in eine konstruktive Richtung zu lenken, bevor der Konflikt an Tiefe gewinnt.

Stufe 2: Polsarisation & Debatte

Die zweite Stufe ist bereits deutlich angespannter. Die Kommunikation wird kritischer, die Bereitschaft zuzuhören nimmt ab. Häufig beginnen die Beteiligten, sich zu rechtfertigen oder zu verteidigen. Die eigenen Argumente stehen im Vordergrund, während die Perspektive des Gegenübers an Bedeutung verliert. Es kommt zu ersten Unterstellungen oder Bewertungen, die Beziehungsebene wird stärker aktiviert. In dieser Phase werden Differenzen nicht mehr nur wahrgenommen, sondern als störend oder bedrohlich empfunden. Die Auseinandersetzung ist nicht mehr neutral, sondern beginnt, emotionale Spuren zu hinterlassen. Häufig zeigen sich erste Zeichen von Ungeduld, Genervtheit oder Abwertung. Der Dialog weicht zunehmend einem Schlagabtausch, in dem es weniger um Klärung als um Überzeugung geht. Es wird schwieriger, Differenzen auszuhalten oder Kompromisse zu finden. Der Ton wird schärfer, Zwischentöne gehen verloren. Das Risiko besteht, dass sich erste Feindbilder entwickeln, auch wenn sie noch nicht offen ausgesprochen werden.

Diese zweite Eskalationsstufe ist gekennzeichnet durch eine zunehmende Einseitigkeit in der Wahrnehmung. Das Vertrauen, dass beide Seiten aufrichtig um eine Lösung bemüht sind, beginnt zu bröckeln. Die Haltung verändert sich: Statt partnerschaftlich nach einem gemeinsamen Weg zu suchen, wird der Fokus darauf gerichtet, im Recht zu sein. Es entwickelt sich eine Art innerer Verteidigungsmodus. Die Bereitschaft, sich verletzlich zu zeigen oder Unsicherheit zuzulassen, nimmt rapide ab. Stattdessen steigt der Drang, die eigene Position zu behaupten und Angriffe, ob real oder vermutet, abzuwehren.

Auf dieser Stufe beginnen Menschen häufig, ihre Kommunikation strategisch auszurichten. Es geht nicht mehr nur darum, verstanden zu werden, sondern darum, die Kontrolle über das Gespräch zu behalten. Aussagen werden präziser, aber auch schärfer. Zwischentöne, die auf Verständnis oder Kompromissbereitschaft hinweisen könnten, verschwinden zunehmend. Ironie, Sarkasmus oder herablassende Bemerkungen schleichen sich ein. In Meetings oder Gruppengesprächen entstehen erste Frontlinien: Die Beteiligten spüren, dass bestimmte Themen nicht mehr angstfrei angesprochen werden können. Der Raum für offene Reflexion verengt sich.

Ein weiteres charakteristisches Merkmal dieser Stufe ist die Tendenz zur Polarisierung im Denken. Die Welt wird zunehmend in Schwarz und Weiß unterteilt. Ambivalenzen, Widersprüche oder komplexe Zusammenhänge werden nicht mehr ausgehalten. Aussagen wie „Das ist typisch für ihn" oder „Mit ihr kann man einfach nicht reden" sind Ausdruck dieser Vereinfachung. Es geht weniger um die konkrete Situation als um die grundsätzliche Bewertung der anderen Person. Die eigentlichen Inhalte geraten in den Hintergrund, der Konflikt wird personalisiert.

Nicht selten kommt es in dieser Phase zu sogenannten Stellvertreterdiskussionen. Anstatt das eigentliche Thema anzusprechen, wird über Nebenschauplätze gestritten. Dies geschieht nicht aus Absicht, sondern oft aus der Schwierigkeit heraus, das eigentliche Bedürfnis zu benennen. Die Kommunikation wird zunehmend von Misstrauen, Rechtfertigungsdruck und verdeckten Vorwürfen durchzogen. Auf Seiten der Beteiligten entsteht ein Gefühl von Frustration, weil die Auseinandersetzung keine Klärung bringt. Gleichzeitig steigt die emotionale Belastung. Rückzug, Überanpassung oder aggressives Verhalten sind mögliche Reaktionen auf diesen inneren Stress.

Gerade in professionellen Kontexten kann diese zweite Eskalationsstufe langfristig zu ernsthaften Beziehungsstörungen führen, wenn sie nicht wahrgenommen und bearbeitet wird. Teams verlieren ihre Kooperationsfähigkeit, Leitungspersonen geraten unter Druck, und ganze Arbeitsprozesse verlangsamen sich. Besonders kritisch wird es, wenn Dritte, die ursprünglich nicht involviert waren, durch Allianzen oder verdeckte Gesprächsstrukturen hineingezogen werden. So entstehen Mikrogruppen, Flurgespräche oder E-Mails mit unterschwelligen Botschaften, die das Klima weiter vergiften.

Doch so herausfordernd diese Phase auch ist, sie bietet nach wie vor Chancen zur Klärung. Es ist noch möglich, in einen offenen Austausch zurückzufinden, vorausgesetzt, es gibt Räume, in denen die Beteiligten sich sicher fühlen, ihre Wahrnehmung zu äußern, ohne dafür verurteilt zu werden. Diese Räume brauchen klare Regeln, eine transparente Gesprächsführung und eine Haltung, die auch starke Emotionen zulässt, ohne dass sie den Raum dominieren. Wenn es gelingt, das Gesprächsklima bewusst zu entschärfen, können erste Brücken gebaut und Missverständnisse geklärt werden. Wichtig ist dabei, dass nicht nur über Inhalte gesprochen wird, sondern auch über die Art und Weise der Kommunikation.

Diese zweite Eskalationsstufe erinnert uns daran, wie schnell ein sachlicher Austausch emotional aufgeladen werden kann. Sie zeigt, wie verletzlich zwischenmenschliche Kommunikation ist, und wie wichtig es ist, frühzeitig innezuhalten, bevor sich Fronten verhärten. Aufmerksamkeit, Empathie, klare Gesprächsregeln und die Bereitschaft zur Selbstreflexion sind in dieser Phase entscheidende Werkzeuge, um den Konfliktprozess wieder in konstruktive Bahnen zu lenken.

Stufe 3: Taten statt Worte

Die dritte Stufe stellt einen Wendepunkt dar. Sie markiert den Übergang von einer sachlich-emotionalen Spannung hin zu einer beginnenden Polarisierung. Die Sichtweise auf das Gegenüber wird selektiv. Man sieht nur noch das, was das eigene Bild bestätigt. Gleichzeitig werden die eigenen Argumente zunehmend als einzig legitime Wahrheit empfunden. Der Konflikt beginnt, sich zu verselbständigen. Die Kommunikation ist stark eingeschränkt, Missverständnisse häufen sich, Gesprächsangebote werden als Angriff interpretiert oder vollständig ignoriert. Es kann zu Koalitionsbildungen kommen, zu Absprachen hinter dem Rücken, zu ersten taktischen Manövern. Die Beziehung ist nun spürbar belastet, das Vertrauen beginnt zu bröckeln. Auf dieser Stufe sind Interventionen von außen bereits hilfreich, um den Prozess zu verlangsamen, neu zu rahmen und den Beteiligten zu helfen, wieder in Kontakt zu kommen.

Charakteristisch für diese Stufe ist, dass der Konflikt nicht mehr als ein zwischenmenschliches Missverständnis wahrgenommen wird, sondern als Kampf um Recht, Anerkennung und Deutungshoheit. Der Blick auf das Gegenüber verengt sich, die Bereitschaft zur Differenzierung nimmt drastisch ab. Aus einer früheren Diskussion wird zunehmend ein Machtkampf. Die Emotionen sind stark aktiviert, vor allem Kränkungsgefühle, Ärger und Enttäuschung. Das Gegenüber wird nicht mehr als ein:e gleichwertige:r Gesprächspartner:in gesehen, sondern als jemand, der schadet, behindert oder sich bewusst verweigert. Der Mensch hinter der Position verschwindet immer mehr hinter der Projektionsfläche, die sich durch die eigenen inneren Bewertungen aufgebaut hat.

Die dritte Eskalationsstufe führt häufig zur Ausbildung stabiler Konfliktrollen. Eine Person übernimmt vielleicht dauerhaft die Rolle der:des Ankläger:in, eine andere die der:des Rückzieher:in oder der:des zynischen Kommentator:in. Diese Rollen geben scheinbar Sicherheit, weil sie Orientierung im Chaos bieten. Gleichzeitig engen sie das Verhalten ein und lassen kaum noch Spielraum für neue Sichtweisen oder Verhaltensweisen. Im Gruppenkontext entstehen oft Lagerbildungen: Wer steht auf wessen Seite? Wer spricht mit wem? Wer hat sich aus dem Konflikt herausgezogen und wer mischt sich aktiv ein? Diese Dynamiken sind nicht nur emotional aufgeladen, sondern haben auch strukturelle Auswirkungen auf das soziale Gefüge, die Kommunikation und die Arbeitsfähigkeit.

In dieser Phase verstärken sich oft auch nonverbale Signale von Ablehnung. Blickkontakte werden vermieden, Körpersprache wirkt verschlossen oder abweisend, Gespräche werden abrupt abgebrochen. Gleichzeitig kommt es immer häufiger zu Interpretationen der Mimik, Gestik oder Tonlage des Gegenübers, die als feindlich wahrgenommen werden. Ein neutral gemeinter Satz kann als Provokation ausgelegt werden, ein sachlicher Hinweis als versteckter Angriff. Diese sogenannte negative Resonanzspirale verstärkt das Misstrauen und untergräbt die Möglichkeit zur Verständigung. Aus einem Konflikt, der ursprünglich lösbar schien, wird zunehmend ein Dauerkonflikt, dessen Ursache sich im Verlauf zu verschleiern beginnt.

Auf der dritten Stufe entstehen häufig informelle Kommunikationsnetzwerke, die außerhalb offizieller Gesprächsrunden agieren. Konflikte werden nicht mehr direkt, sondern über Dritte oder über symbolische Handlungen ausgetragen. Man spricht über einander statt miteinander. Anspielungen, Auslassungen oder selektive Informationsweitergabe werden zu Kommunikationsstrategien. Diese Form der Konfliktkommunikation trägt weiter zur Eskalation bei, weil sie das Vertrauen in Verlässlichkeit und Offenheit zerstört. In manchen Fällen greifen Menschen auf sogenannte Selbstschutzstrategien zurück, die jedoch destruktive Wirkungen entfalten können: emotionale Kälte, Zynismus, chronische Abwertung oder gezielte Sabotage. Trotz der Schärfe dieser Eskalationsstufe ist es möglich, deeskalierend zu wirken, allerdings nicht mehr allein durch ein klärendes Gespräch. Vielmehr braucht es auf dieser Stufe gezielte Interventionen: professionelle Moderation, externe Prozessbegleitung oder strukturelle Veränderungen. Es gilt, Räume zu schaffen, in denen die Beteiligten in einer geschützten Atmosphäre ihre Perspektiven darstellen können, ohne Angst vor Konsequenzen oder Gesichtsverlust. Der Fokus liegt zunächst nicht auf der Lösung des Sachkonflikts, sondern auf der Wiederherstellung von Kommunikationsfähigkeit und Beziehungsklärung. Erst wenn wieder ein Mindestmaß an Vertrauen entsteht, können Inhalte neu verhandelt werden.

Die dritte Stufe erfordert eine besonders feinfühlige und gleichzeitig klare Haltung von Moderator:innen, Berater:innen oder Führungskräften. Es braucht Menschen, die bereit sind, zuzuhören, ohne Partei zu ergreifen, die Spannungen aushalten können, ohne sie zu verstärken, und die bereit sind, den Raum zu halten, in dem sich Verletztheit, Enttäuschung und Bedürftigkeit zeigen dürfen. Nur dann kann ein Prozess beginnen, in dem die Beteiligten erkennen, was sie eigentlich bewegt, jenseits der äußeren Positionen.

Diese Eskalationsstufe ist nicht das Ende einer Beziehung oder eines Teams, sondern ein Ausdruck tiefer Verunsicherung, ungelöster Bedürfnisse und überlasteter Kommunikationsmuster. Sie lädt dazu ein, innezuhalten, neue Wege zu suchen und die eigene Konfliktkultur zu überdenken. Wer es schafft, auf dieser Stufe innezuhalten, anstatt weiter in die

Konfrontation zu gehen, eröffnet die Chance auf Heilung, auf Klarheit und auf einen neuen Anfang.

Methoden & Impulse zur Bearbeitung:

- Dialogfenster entwickeln: Erarbeite mit den Beteiligten sogenannte Dialogfenster, also Momente, in denen echte Verständigung noch möglich war. Was war in diesen Situationen anders? Welche Haltung, welche Worte oder welches Setting haben geholfen? Diese Reflexion öffnet neue Zugänge für eine bewusstere Gesprächsführung.

- Beobachter:innenrunde: Setze eine stille Beobachter:innenrunde ein, bei der Außenstehende die Kommunikation in einer Konfliktsimulation beobachten und anschließend nicht bewerten, sondern beschreiben, was sie wahrnehmen. Dies kann zu mehr Bewusstsein für Körpersprache, Tonlage und Eskalationsdynamiken führen.

- Kommunikationsbrücken bauen: Führe Übungen ein, bei denen gezielt verbindende Sprache geübt wird, etwa mit Satzanfängen wie „Ich nehme wahr...", „Was mir wichtig ist...", „Ich frage mich, ob...". Solche Brückenformulierungen helfen, die Beziehungsebene zu stärken.

- Mini-Interventionen im Alltag: Entwickle mit den Beteiligten kleine, sofort umsetzbare Interventionen für den Alltag, die Konflikte frühzeitig sichtbar und ansprechbar machen, etwa eine Feedback-Minute nach Meetings oder ein symbolischer Konfliktstein, der Gesprächsanlass bietet.

- Konfliktverlauf sichtbar machen: In Einzel- oder Gruppengesprächen wird der bisherige Konfliktverlauf auf einer Zeitachse aufgezeichnet. Wann begannen die Spannungen? Welche Situationen waren entscheidend? Was wurde gesagt oder nicht gesagt? Ziel ist es, Muster zu erkennen und die Dynamik zu reflektieren.

- Kommunikation entschleunigen: Mit Hilfe von Ich-Botschaften, aktivem Zuhören und reflektierendem Nachfragen wird ein Rahmen für respektvolle Auseinandersetzung geschaffen.

Reflexionsfragen:

- Woran erkenne ich, dass ein Konflikt beginnt, sich zu verschärfen?
- Wie verändere ich mein Verhalten, wenn ich mich nicht gehört fühle?
- In welchen Situationen gelingt es mir, trotz Spannungen offen im Gespräch zu bleiben?

Die ersten drei Eskalationsstufen beschreiben einen Bereich, in dem Konflikte noch bearbeitbar sind. Es bestehen Differenzen, Spannungen und erste emotionale Verletzungen, doch das Gegenüber wird noch als Mensch mit berechtigtem Anliegen wahrgenommen. Wer in dieser Phase achtsam bleibt, frühzeitig interveniert und die Beziehungsebene im Blick behält, kann Eskalationen verhindern und die Basis für eine konstruktive Konfliktkultur schaffen.

Eskalationsstufen 4 - 6: „win - lose"

Die Eskalationsstufen vier bis sechs im Modell von Friedrich Glasl markieren einen entscheidenden Übergang in der Konfliktdynamik. Während in den ersten drei Stufen die Hoffnung auf Verständigung, zumindest unterschwellig, noch vorhanden ist, geraten die Beteiligten auf diesen mittleren Stufen in eine tiefere emotionale Verstrickung. Die Kommunikation ist nun nicht nur erschwert, sondern teilweise ganz abgebrochen. Der Konflikt hat sich verselbständigt. Es geht längst nicht mehr um die ursprüngliche Sache, sondern um verletzte Identität, bedrohte Integrität und darum, das eigene Gesicht zu wahren. Die Beziehung ist massiv gestört, Vertrauen weitgehend verloren. In dieser Phase dominieren Abwertung, Polarisierung und die Suche nach Bestätigung der eigenen Position durch Dritte.

Stufe 4: Images und Koalitionen

In der vierten Stufe verfestigt sich der Konflikt. Die Beteiligten erleben sich zunehmend als Opfer von Ungerechtigkeit, als missverstanden oder gar verraten. Der Kontakt ist nicht nur angespannt, sondern wird strategisch gemieden oder nur noch über indirekte Kanäle gehalten. E-Mails ersetzen persönliche Gespräche, Aussagen werden bewusst schriftlich fixiert, um sich abzusichern. Missverständnisse häufen sich, weil der persönliche Ton fehlt. Der Versuch, sich gegenseitig zu übertrumpfen, nimmt zu. Es geht nicht mehr darum, ein gemeinsames Ziel zu erreichen, sondern darum, die Oberhand zu behalten, das letzte Wort zu haben, sich nicht unterlegen zu fühlen. Argumente sind kaum noch relevant — es geht um Positionierung, um Macht, um die Kontrolle über die Deutungshoheit.

Die Kommunikation verflacht oder verroht. Worte werden schärfer, Mimik und Körpersprache vermitteln Distanz, Ablehnung oder Gleichgültigkeit. Der Kontakt wird zunehmend strategisch genutzt: Begegnungen finden nur noch im Beisein Dritter statt, schriftliche Kommunikation wird formaler, emotionsloser oder sarkastischer. Auf dieser Stufe werden häufig Unterstützer:innen mobilisiert. Kolleg:innen, Freund:innen oder

Vorgesetzte werden gezielt informiert, oft einseitig. Der Konflikt wird nach außen getragen, um Bestätigung für die eigene Sichtweise zu erhalten, manchmal auch, um Druck aufzubauen oder das Gegenüber zu diskreditieren. Besonders bedeutsam ist dabei die Suche nach Verbündeten, denn sie erfüllt mehrere Funktionen: Sie stabilisiert das eigene Selbstbild, reduziert das Gefühl von Ohnmacht und vermittelt den Eindruck moralischer Überlegenheit. Die verbündete Person wird zur Projektionsfläche für das Bedürfnis nach Bestätigung und Rückhalt. Nicht selten wird Loyalität eingefordert, direkt oder subtil, etwa durch Andeutungen, emotionale Appelle oder den impliziten Vorwurf, neutral zu bleiben sei gleichbedeutend mit Verrat. In Gruppenkontexten führt dies dazu, dass sich Lager bilden, in denen nicht mehr das Thema, sondern die Zugehörigkeit entscheidet. Man ist entweder für oder gegen eine Seite. Diese Polarisierung wirkt sich tiefgreifend auf die Gruppendynamik aus: Einzelne ziehen sich zurück, andere versuchen zu vermitteln und werden dabei zwischen die Fronten gezogen. Die Folge ist ein wachsendes Misstrauen, nicht nur zwischen den unmittelbar Beteiligten, sondern auch im weiteren Umfeld. Die Atmosphäre wird insgesamt vergiftet. Ein Klima der Unsicherheit entsteht, in dem das offene Wort verschwindet und jedes Gespräch auf eine mögliche Parteinahme hin gedeutet wird.

Zudem kommt es auf dieser Stufe häufig zu einer Verschiebung des inneren Fokus. Die Beteiligten beschäftigen sich gedanklich stark mit dem Konflikt. Gespräche drehen sich immer wieder um dieselben Vorwürfe, Argumentationsmuster verfestigen sich. Man sucht gezielt nach weiteren Belegen für das feindliche Verhalten der anderen Seite. In Gesprächen mit Dritten wird nicht mehr differenziert berichtet, sondern emotional gefärbt, mit dem Ziel, das eigene Leid sichtbar zu machen und Unterstützung zu erhalten. Dabei wird oft übersehen, dass diese emotionale Verstärkung die Eskalation weiter befeuert. Statt Verstehen zu fördern, wird Lagerbildung verstärkt. Der Konflikt wird zu einem zentralen Bestandteil des eigenen Denkens und Erlebens.

Die vierte Stufe ist deshalb so gefährlich, weil sie den Übergang markiert: von einem gestörten Dialog zu einem systemisch wirksamen Konflikt. Das bedeutet, dass der Konflikt nicht mehr nur zwischen zwei Personen wirkt, sondern auf das gesamte soziale System ausstrahlt. Teams spalten sich, Familien werden in Lager geteilt, Organisationen verlieren ihre Handlungsfähigkeit. Die ursprüngliche Konfliktursache tritt in den Hintergrund. Entscheidend ist jetzt, wer Recht hat, wer stärker ist, wer am besten überzeugen kann. Damit wächst auch das Risiko, dass strukturelle Konflikte entstehen, die nicht mehr allein über Beziehungsebene lösbar sind. In diesem Moment wird der Konflikt zur Systemkrise. Er braucht eine andere Form von Aufmerksamkeit, Verantwortung und Intervention.

Stufe 5: Gesichtsverlust

In der fünften Stufe nimmt der Konflikt an Intensität zu. Ziel ist nun nicht mehr nur, die eigene Position zu verteidigen, sondern die andere Partei aktiv zu schädigen oder zumindest empfindlich zu treffen. Der Gedanke, dass man gemeinsam eine Lösung finden könnte, ist nahezu verschwunden. Die Kommunikation ist entweder vollständig abgebrochen oder besteht nur noch aus Konfrontationen. Intrigen, Schuldzuweisungen und strategische Abwertungen prägen das Bild. Die Feindbilder sind fest etabliert. Jegliche Handlung der anderen Seite wird negativ interpretiert, selbst neutrale oder kooperative Ansätze erscheinen verdächtig. Es entsteht eine Form der moralischen Aufrüstung: Jede Partei ist überzeugt, im Recht zu sein und sich verteidigen zu müssen, und zwar mit allen Mitteln. Emotionale Eskalation, Angst, Wut, Kränkung und ein Gefühl von Machtlosigkeit prägen das Erleben.

Typisch für diese Phase ist der massive Vertrauensverlust, der jede Form von offener Kommunikation blockiert. Die Beteiligten ziehen sich entweder zurück oder agieren in einer Art Konfrontationsmodus, der keine Annäherung mehr erlaubt. Dabei werden auch bisherige soziale oder kollegiale Beziehungen instrumentalisiert. Kontakte, die früher auf Vertrauen basierten, werden nun auf ihre Nützlichkeit im Konfliktkontext überprüft. Menschen werden nach ihrer Loyalität befragt oder beurteilt, und selbst neutrale Haltungen werden zunehmend als feindlich wahrgenommen. Der moralische Druck auf das Umfeld steigt. Wer sich nicht eindeutig positioniert, wird verdächtigt, das feindliche Lager zu unterstützen. Das Schwarz-Weiß-Denken dominiert: Es gibt nur noch richtig oder falsch, Freund oder Feind, Loyalität oder Verrat.

In Gruppensituationen kommt es nicht selten zu einer vollständigen Lagerbildung. Innerhalb der Lager wird die eigene Sichtweise immer wieder bestätigt, was zu einer Verstärkung der Polarisierung führt. Die eigene Position erscheint in der Rückschau immer begründeter, während das Verhalten der Gegenseite zunehmend dämonisiert wird. Fakten spielen kaum noch eine Rolle. Es zählt, was das eigene Lager denkt, fühlt und als legitim betrachtet. Selbst ausgedachte oder verfälschte Informationen werden unkritisch übernommen, wenn sie ins eigene Bild passen. Diese Dynamik ist nicht nur zerstörerisch, sondern auch hoch ansteckend. Menschen, die ursprünglich gar nicht betroffen waren, werden in die Eskalation hineingezogen, oft aus einem Gefühl heraus, helfen oder Stellung beziehen zu müssen.

Ein weiterer zentraler Aspekt dieser Stufe ist die emotionale Übersteuerung. Die Beteiligten befinden sich häufig in einem Zustand ständiger innerer Anspannung. Gedanken kreisen ununterbrochen um den Konflikt. Emotionen wie Groll, Zorn, Enttäuschung oder das Bedürfnis nach Rache dominieren das Denken und Handeln. Es fällt schwer, den Konflikt für einen Moment zu vergessen oder Abstand zu gewinnen. Selbst in konfliktfreien Kontexten, im privaten Umfeld, im Feierabend, in anderen Projekten, bleibt das Thema präsent. Schlafstörungen, psychosomatische Reaktionen, ständige Reizbarkeit oder sozialer Rückzug können die Folge sein.

Das Erleben ist oft geprägt von einem inneren Zwiespalt: Einerseits das Bedürfnis nach Gerechtigkeit, Wiedergutmachung oder Klarheit, andererseits die tiefe Kränkung, dass dies aus eigener Kraft nicht mehr erreichbar scheint. Der Konflikt wird zum alles dominierenden Thema, zur Geschichte, die über allem steht. Menschen, die sich in dieser Stufe befinden, erleben sich selbst häufig als ohnmächtig. Ihre Versuche, gehört zu werden oder sich zu schützen, laufen ins Leere. Es entsteht das Gefühl, dass alles, was man sagt oder tut, missverstanden oder gegen einen verwendet wird. Diese Erfahrung verstärkt das Bedürfnis, die Kontrolle zurückzugewinnen, notfalls mit Mitteln, die man früher abgelehnt hätte.

Die fünfte Stufe kann als der Punkt beschrieben werden, an dem die Ethik beginnt zu erodieren. Was gestern noch als unfair galt, erscheint heute als notwendiger Selbstschutz. Diffamierungen, Ausgrenzung, bewusste Manipulation von Informationen oder persönliche Angriffe werden gerechtfertigt, solange sie dem eigenen Ziel dienen. Gleichzeitig wird das eigene Handeln moralisch überhöht: Man kämpfe schließlich für die Wahrheit, für Gerechtigkeit oder für eine bessere Ordnung. Dieses Narrativ verleiht Kraft, aber es verhindert auch Selbstreflexion. In dieser Phase ist eine externe Intervention meist unumgänglich, denn die Beteiligten allein finden kaum mehr einen Weg zur Entspannung oder Deeskalation. Sie brauchen Menschen, die von außen Halt geben, die das Gesprächsangebot strukturieren und schützen und die Grenzen setzen, wenn diese nicht mehr eingehalten werden können.

Stufe 6: Drohstrategien

Die sechste Stufe markiert einen kritischen Punkt: Es geht nun darum, die andere Seite zu isolieren, auszugrenzen oder systematisch zu beschädigen. Die soziale Existenz des Gegenübers wird infrage gestellt. Im beruflichen Kontext bedeutet das etwa, dass Kolleg:innen öffentlich diffamiert, in Besprechungen ignoriert oder bei Entscheidungen ausgeschlossen werden. Auf dieser Stufe entstehen oft unterschwellige oder offene Mobbingstrukturen. Der Ausschluss ist nicht nur physisch oder organisatorisch, sondern häufig auch emotional spürbar: Ironische Bemerkungen, abwertende Blicke oder bewusstes Schweigen erzeugen ein Klima der Unsicherheit und sozialen Kälte. Die Betroffenen erleben sich zunehmend als nicht mehr zugehörig, als ausgegrenzt und unerwünscht.

Gruppen formieren sich, Loyalitäten werden eingefordert, Schweigespiralen entwickeln sich. Wer sich nicht klar positioniert, riskiert selbst in den Konflikt hineingezogen zu werden oder ebenfalls ins Abseits zu geraten. Die Angst, selbst Zielscheibe zu werden, führt dazu, dass viele schweigen, obwohl sie das Geschehen kritisch sehen. Dieses Schweigen wird von den Beteiligten jedoch als Zustimmung interpretiert, was die Dynamik zusätzlich verstärkt. Der Raum für differenzierte Stimmen schrumpft, Zwischentöne gehen verloren. Die Atmosphäre wird von latenter Feindseligkeit und strategischer Selbstzensur geprägt. In sozialen Netzwerken oder Gruppenchats können sich solche Prozesse noch intensivieren: dort zirkulieren Gerüchte, Halbwahrheiten oder gezielte Schuldzuweisungen, die selten überprüft, aber häufig geglaubt werden.

Die emotionale Belastung ist hoch. Nicht nur die direkt Betroffenen leiden unter Angst, Scham und Isolation, sondern auch Beobachter:innen geraten unter Druck. Ohnmachtsgefühle, psychosomatische Symptome, innere Kündigung oder tatsächliches Verlassen des Systems sind häufige Folgen. Besonders perfide ist dabei, dass Ausgrenzung oft subtil erfolgt und schwer beweisbar ist. Die Mechanismen sind versteckt, die Wirkung jedoch massiv. Wer ausgeschlossen wird, verliert nicht nur Anschluss, sondern oft auch sein berufliches oder soziales Selbstwertgefühl. Gleichzeitig nimmt der Raum für Reflexion weiter ab. Die Dynamik erscheint nicht mehr kontrollierbar. Versuche, deeskalierend zu wirken, werden als naiv, parteiisch oder gefährlich abgewertet. Die Eskalation wird selbst zum unausweichlichen Narrativ.

Die Beteiligten sehen keine Auswege mehr und verschärfen mit ihren Reaktionen ungewollt die Eskalation. Selbst Schutzstrategien, etwa Rückzug, Ironie oder sachliche Korrektheit, können als Provokation gewertet werden. Auf dieser Stufe wird alles interpretiert, jede Handlung wird als symbolisch aufgeladen verstanden. Die Verantwortung für die Situation wird ausschließlich bei der anderen Partei gesehen. Es herrscht das Prinzip der Schuldzuweisung und moralischen Selbstüberhöhung. Man glaubt, auf der richtigen Seite zu stehen, nicht aus Rechthaberei, sondern weil man sich moralisch im Recht wähnt. Diese Haltung verhindert Mitgefühl und lässt keinen Raum für gegenseitiges Verständnis. Die Spaltung ist vollzogen, und das System ist tief erschüttert.

Gleichzeitig kann diese Stufe auch eine letzte Chance zur Umkehr sein, vorausgesetzt, es gibt Menschen im System, die sich nicht vereinnahmen lassen. Einzelne, die bereit sind, Brücken zu bauen, das Gespräch wieder zu suchen, Grenzen zu benennen und gleichzeitig menschlich verbunden zu bleiben. Diese Menschen sind in der Lage, einen Impuls zu setzen, der langsam entsteht und oft nur mit externer Unterstützung eine Wende ermöglichen kann. Doch dafür braucht es Mut, Standhaftigkeit und die Fähigkeit, sich selbst kritisch zu hinterfragen. Denn wo Trennung dominiert, ist Verbindung keine einfache Entscheidung, sondern ein tiefgreifender Akt der inneren Reifung.

Auf den Stufen vier bis sechs wird deutlich, dass sich der Konflikt längst verselbständigt hat. Es geht nicht mehr um Klärung, sondern um Durchsetzung, nicht mehr um Beziehung, sondern um Rechthaben und Überleben in einem feindlichen Umfeld. Dennoch besteht in dieser Phase die Möglichkeit zur Intervention. Allerdings sind diese Interventionen komplexer, langwieriger und benötigen professionelle Begleitung. Die Aufgabe besteht zunächst darin, die Eskalationsdynamik zu unterbrechen. Das bedeutet: Gesprächskanäle müssen behutsam wieder geöffnet, emotionale Sicherheit hergestellt und eine neue Kommunikationsstruktur geschaffen werden. Vor allem aber braucht es eine Haltung, die nicht bewertet, sondern die jeweilige Not hinter dem Verhalten versteht.

Professionelle Intervention in dieser Phase heißt nicht, sofort Lösungen zu produzieren, sondern zunächst Orientierung, Halt und Struktur zu geben. Beteiligte müssen wieder lernen, zuzuhören, ohne zu bewerten, und zu sprechen, ohne anzugreifen. Dabei ist es entscheidend, das Tempo zu verlangsamen, Erwartungen zu klären und erste kleine Schritte der Annäherung zu ermöglichen. In Gruppen kann es hilfreich sein, mit symbolischen Methoden zu arbeiten, die emotionale Prozesse sichtbar machen, ohne sie direkt ansprechen zu müssen. Beispiele hierfür sind kreative Ausdrucksformen, Aufstellungen oder biografische Elemente. Besonders in hoch eskalierten Konflikten hilft es, den Fokus auf Gemeinsamkeiten zu lenken, selbst wenn diese zunächst klein erscheinen: ein gemeinsames Ziel, ein ähnlicher Wert, eine geteilte Erfahrung. Diese Ankerpunkte können eine neue Verbindung schaffen.

Für Führungskräfte, Mediator:innen und Berater:innen ist es auf diesen Eskalationsstufen besonders wichtig, eine klare Rolle zu behalten. Es gilt, nicht Partei zu ergreifen, sondern konsequent eine allparteiliche Haltung einzunehmen. Gleichzeitig müssen Grenzen gesetzt werden. Eskalierende Verhaltensweisen, Ausgrenzung oder systematische Abwertungen dürfen nicht toleriert, sondern müssen klar benannt und gestoppt werden. In dieser Haltung, die sowohl empathisch als auch konsequent ist, liegt die größte Chance auf Transformation. Denn so bedrohlich diese Eskalationsstufen auch erscheinen, sie bieten auch die Möglichkeit, alte Muster zu durchbrechen, Verletzungen anzuerkennen und neue Formen des Umgangs zu entwickeln.

Methoden & Impulse zur Bearbeitung:

- Eskalationsmatrix: Mit den Beteiligten wird eine Übersicht erstellt, in der Eskalationssignale, typische Aussagen und Verhaltensweisen der Stufen vier bis sechs gesammelt werden. Ziel ist es, Bewusstsein für die Dynamik zu schaffen und individuelle Beiträge zu reflektieren.
- Vertrauensräume schaffen: In Einzelsitzungen oder geschützten Dialogformaten können Beteiligte erste Impulse zur Selbstreflexion entwickeln und Gefühle wie Angst, Wut oder Enttäuschung sicher ansprechen.
- Symbolarbeit: Mit Hilfe von Gegenständen, Farben oder Metaphern wird der innere Zustand des Konflikts dargestellt. Diese Methode erleichtert den Zugang zu Emotionen und öffnet neue Zugänge zur Bearbeitung.
- Kommunikationsregeln etablieren: Für jede Begegnung wird ein klarer Rahmen definiert, mit verbindlichen Gesprächsregeln, zeitlicher Struktur und definierter Rollenverteilung. Dies gibt Halt und schützt vor Rückfällen in destruktive Muster.
- Getrennte Mediation: In besonders verhärteten Fällen ist es sinnvoll, zunächst mit den Konfliktparteien einzeln zu arbeiten. Erst wenn beide Seiten ausreichend stabilisiert sind, wird ein gemeinsames Gespräch vorbereitet.

- Ressourcensuche: In Momenten starker Eskalation hilft es, Ressourcen zu aktivieren: Wer oder was unterstützt mich? Welche innere Haltung stärkt mich? Welche Erfahrungen zeigen mir, dass Veränderung möglich ist?

Reflexionsfragen:

- An welcher Stelle habe ich begonnen, die andere Seite nicht mehr als gleichwertig wahrzunehmen?
- Welche Gedanken und Gefühle sind so stark, dass sie meine Sicht auf die Situation verzerren könnten?
- Was würde sich verändern, wenn ich wieder bereit wäre, zuzuhören, ohne sofort zu bewerten?
- Welche Unterstützung wünsche ich mir, um einen neuen Umgang mit dem Konflikt zu finden?
- Welche kleinen Schritte könnten helfen, wieder eine Brücke zu bauen?

Die Eskalationsstufen vier bis sechs beschreiben den Übergang vom lösbaren Konflikt zum destruktiven Beziehungskampf. Die Beteiligten verstricken sich in Abwertungen, Koalitionen und strategischem Schweigen. Vertrauen ist zerstört, Kommunikation kaum noch möglich. Dennoch bieten diese Stufen die Chance auf tiefe Veränderung, sofern die Eskalation erkannt, unterbrochen und professionell begleitet wird. Entscheidend ist eine Haltung der Allparteilichkeit, des Respekts und der Klarheit. Sie ermöglicht Beziehung, wo zuvor nur Trennung war.

Eskalationsstufen 7 - 9: „lose - lose"

Die Eskalationsstufen sieben bis neun im Modell von Friedrich Glasl beschreiben die tiefste und zugleich destruktivste Phase eines Konfliktverlaufs. Diese Stufen markieren das vollständige Abrutschen in eine lose-lose-Situation, in der beide Parteien nicht nur bereit sind, Schaden zuzufügen, sondern diesen auch in Kauf nehmen, selbst wenn sie dabei selbst leiden. Es geht nicht mehr um Kommunikation, Beziehung oder auch nur um Machtgewinn. Es geht darum, das Gegenüber vollständig zu zerstören, notfalls mit dem eigenen Untergang als Preis. Diese letzte Phase der Eskalation ist gekennzeichnet durch ein Höchstmaß an Verhärtung, Entmenschlichung und innerem Rückzug in eine starre Opfer- und Täterdynamik. Was ursprünglich vielleicht mit einer Meinungsverschiedenheit begonnen hat, endet hier oft im vollständigen Bruch, im Zusammenbruch eines Systems oder gar in körperlicher oder psychischer Gewalt.

Stufe 7: Begrenzte Vernichtung

Die siebte Eskalationsstufe ist geprägt von gezielten Zersetzungsstrategien. Die andere Partei soll nicht nur diskreditiert, sondern als handlungsunfähig dargestellt werden. Es geht um die Zerstörung des sozialen Rückhalts, der Integrität und des Ansehens. In beruflichen Kontexten werden Informationen manipuliert, Gerüchte gezielt gestreut oder Kommunikationswege blockiert. Auch juristische Schritte, formale Beschwerden oder gezielte Vorwürfe werden eingesetzt, nicht mehr mit dem Ziel der Klärung, sondern mit dem der Destabilisierung. In privaten Beziehungen äußert sich diese Stufe durch emotionale Erpressung, Entzug von Nähe oder durch das bewusste Triggern alter Wunden. Es entsteht ein Klima der Angst, der Kontrolle und der absoluten Gegnerschaft. Die Kommunikation, sofern sie überhaupt noch existiert, ist geprägt von Schuldzuweisungen, Zynismus und einem völligen Verlust von Vertrauen.

Besonders charakteristisch für diese Stufe ist die systematische Erosion von Vertrauen, Sicherheit und Verlässlichkeit. Es werden gezielt Verunsicherungsmomente geschaffen, indem frühere Vereinbarungen in Frage gestellt oder bisherige Selbstverständlichkeiten aufgehoben werden. In

Organisationen erleben Mitarbeitende plötzliche Ausgrenzungen, Ausschlüsse aus Informationsflüssen oder das bewusste Übergehen bei Entscheidungen. In privaten Beziehungen zeigt sich diese Form der Zersetzung häufig in Form von emotionaler Isolation, gezieltem Liebesentzug oder dem Entwerten von gemeinsamen Erinnerungen. Ziel ist es, das Fundament der Zugehörigkeit zu zerstören und die Gegenseite zu destabilisieren.

Auch die Sprache verändert sich in dieser Phase fundamental. Wo zuvor vielleicht noch argumentiert oder appelliert wurde, dominieren nun Drohungen, Sarkasmus, Abwertungen oder passiv-aggressive Kommunikation. Worte werden zur Waffe. Gleichzeitig wird Sprache genutzt, um Nähe zu verweigern oder emotionale Kälte zu demonstrieren. Aussagen werden bewusst mehrdeutig formuliert oder mit nonverbalen Signalen unterfüttert, die Unsicherheit schaffen. Auf diese Weise wird das Gegenüber in einem Zustand ständiger Anspannung gehalten, nie wissend, wie das nächste Gespräch verläuft oder ob eine Geste wohlwollend oder feindlich gemeint ist.

Ein weiteres Phänomen, das auf dieser Eskalationsstufe häufig zu beobachten ist, ist die sogenannte emotionale Gaslighting-Strategie. Das bedeutet, dass eine Person die Wahrnehmung, Erinnerung oder das Erleben der anderen Person in Frage stellt, um Kontrolle zu gewinnen oder Schuldgefühle zu erzeugen. Aussagen wie „Das hast du dir nur eingebildet" oder „So habe ich das nie gesagt" zielen darauf ab, die Selbstsicherheit und emotionale Stabilität der anderen Partei zu untergraben. In Teams oder Familien kann dies dazu führen, dass sich betroffene Personen zurückziehen, beginnen an sich zu zweifeln oder sich selbst zu isolieren.

Zudem verlagert sich der Fokus der Beteiligten immer stärker auf das strategische Handeln. Es werden gezielt Situationen provoziert, um die andere Partei öffentlich schlecht dastehen zu lassen. Schriftwechsel werden dokumentiert, Gespräche heimlich aufgezeichnet, Gesprächsinhalte gezielt falsch wiedergegeben. Die emotionale Eskalation wird nicht mehr nur erlebt, sondern taktisch genutzt. So kann der Konflikt zunehmend in institutionelle oder juristische Rahmen überführt werden, etwa in Form von Beschwerden, Disziplinarverfahren oder anwaltlichen Schritten. Diese „Verrechtlichung" des Konflikts dient dazu, dem Konflikt ein offizielles Gesicht zu geben. Sie schafft jedoch keine Lösung, sondern verfestigt die Eskalation weiter.

Gleichzeitig wird in dieser Phase das soziale Umfeld massiv einbezogen. Die Beteiligten mobilisieren gezielt Verbündete, nicht nur zur Unterstützung, sondern auch zur Validierung ihrer Sichtweise. Es werden Netzwerke geschaffen, in denen sich der eigene Blick auf die Situation verfestigt, häufig begleitet von einer zunehmenden Dämonisierung der anderen Partei. In Organisationen entstehen Flurallianzen, in sozialen Medien werden Andeutungen oder Anspielungen gepostet, in der Familie wird taktiert und instrumentalisiert. Menschen werden in Loyalitätskonflikte gedrängt, in denen jede Neutralität als Verrat gilt. Diese Dynamik verschärft nicht nur die Beziehung zwischen den direkt Beteiligten, sondern wirkt zerstörerisch auf das gesamte soziale System.

Die siebte Eskalationsstufe steht deshalb für ein Stadium, in dem die Zersetzung nicht nur auf der Ebene der Kommunikation, sondern tief im emotionalen, sozialen und institutionellen Gefüge wirkt. Der Konflikt wird zu einem zermürbenden Dauerzustand, in dem Misstrauen, Angst und Kontrolle vorherrschen. Die Beteiligten erleben sich häufig als gefangen, ohnmächtig oder nur noch funktional. Das ursprüngliche Anliegen ist längst aus dem Blick geraten. Es geht nur noch darum, sich zu schützen, zu überleben, die Oberhand nicht zu verlieren. In dieser Phase wird der Konflikt nicht mehr geführt, sondern inszeniert. Die Realität wird zunehmend geformt durch die Eskalation selbst, ein Kreislauf, der nur durch externe Intervention, Bewusstseinsarbeit und systemische Distanzierung durchbrochen werden kann.

Stufe 8: Zersplitterung

Auf der achten Eskalationsstufe tritt das Prinzip der Vernichtung in den Vordergrund. Es geht nicht mehr um Symbolik oder Einschüchterung, sondern um reale, irreversible Schäden. In Organisationen zeigt sich das zum Beispiel in der Sabotage von Projekten, dem gezielten Rufmord oder dem Auslösen existenzieller Konsequenzen für die andere Partei. Kündigungen, Ausschlüsse, Strafanzeigen oder mediale Diffamierungen sind häufige Mittel. In persönlichen Beziehungen sind es Trennungen mit maximaler Verletzungsabsicht, der Kampf um Kinder, gemeinsame Ressourcen oder das gezielte Schaffen von Abhängigkeiten. Das Ziel ist nicht mehr nur Sieg oder Rechtfertigung, sondern der völlige Zusammenbruch des anderen. Auf dieser Stufe beginnt der Konflikt, das Zentrum der eigenen Existenz zu besetzen.

Gleichzeitig steigt der eigene Leidensdruck enorm. Die Beteiligten fühlen sich innerlich leer, von der Situation vollkommen vereinnahmt, oft auch isoliert. Ihre Welt dreht sich nur noch um diesen Konflikt. Selbst alltägliche Situationen werden durch die Brille der Eskalation wahrgenommen. Jede Geste, jedes Wort, jede Handlung wird gedeutet im Hinblick auf diesen zerstörerischen Konflikt. Es entsteht ein Zustand chronischer innerer Alarmbereitschaft. Körperlich kann sich das durch Schlafstörungen, Appetitlosigkeit, Herzrasen oder Erschöpfung bemerkbar machen. Psychisch zeigen sich Symptome von Angst, Depression oder innerer Leere.

Die Kommunikation, sofern sie überhaupt noch existiert, ist geprägt von Gewalt, sei es auf verbaler, emotionaler oder struktureller Ebene. Es geht nicht mehr darum zu überzeugen oder einander zu begegnen, sondern einzig darum, Kontrolle zu gewinnen und zu dominieren. Jede Form der Schwäche des Gegenübers wird ausgenutzt. Selbst eine Versöhnungsgeste wird sofort als Manipulation gedeutet. Die Beziehung ist vollständig entmenschlicht. Im Gegenüber wird nicht mehr der Mensch gesehen, sondern nur noch eine Bedrohung, ein Feind, der für den eigenen Schmerz verantwortlich gemacht wird.

Diese Stufe der Eskalation ist besonders gefährlich, weil sie das Konflikt- feld in andere Lebensbereiche hinein ausweitet. Konflikte aus dem Be- rufsfeld ziehen ihre Kreise ins private Umfeld, Familienkonflikte belasten das soziale Netzwerk, persönliche Streitigkeiten werden öffentlich ge- macht und mit anderen Konflikten verknüpft. Die Grenze zwischen Kon- flikt und Lebensrealität verschwimmt. Die betroffenen Personen begin- nen, ihre gesamte Identität über den Konflikt zu definieren. Man ist nicht mehr Vater, Kollegin, Nachbar oder Freund, sondern nur noch Opfer oder Kämpfer:in im Konflikt.

Die Vernichtungsabsicht auf dieser Stufe kann vielfältige Formen anneh- men. Es kann sich um gezielte Rufschädigung handeln, bei der falsche In- formationen gestreut werden, um das berufliche oder private Ansehen zu ruinieren. Es können existenzielle Ressourcen wie Wohnung, Geld oder Kinder instrumentalisiert werden, um Druck auszuüben. Auch sozi- ale Netzwerke können gezielt gegen die andere Partei aktiviert werden, indem Geschichten verbreitet, Screenshots veröffentlicht oder private Inhalte aus dem Kontext gerissen werden. In extremen Fällen eskalieren diese Prozesse in gerichtliche Auseinandersetzungen, psychische Krisen oder sogar physische Gewalt.

Ein besonders schwerwiegendes Element dieser Eskalationsstufe ist die sogenannte Täter-Opfer-Umkehr. Diejenige Person, die in früheren Eska- lationsphasen noch sichtbar unter Druck stand oder sich verteidigte, übernimmt nun zunehmend die aggressive Rolle, während die Gegen- seite zum tatsächlichen Opfer wird. Diese Rollenumkehr ist jedoch meist nicht bewusst, sondern ergibt sich aus einer tiefgreifenden Dynamik des Selbstschutzes und der Schuldabwehr. Je mehr sich die Beteiligten in ih- ren moralischen Narrativen verfangen, desto schwieriger wird es, die Re- alität differenziert wahrzunehmen.

Jeder Rückzug der anderen Partei wird nicht als Chance zur Deeskalation, sondern als Zeichen der Schwäche gewertet. Der Konflikt wird zum Schauplatz für persönliche Überlegenheit. Selbst gutgemeinte Interven- tionen Dritter verpuffen oder werden als Angriff gewertet. Mediation, Beratung oder Fürsprache haben kaum mehr Wirkung, weil die

Eskalation zu einem existenziellen Drama geworden ist. Die Beteiligten befinden sich in einem Tunnelblick, in dem nur noch Kampf, Rache und Selbstbehauptung zählen.

Und dennoch: Auch in dieser tiefen Eskalation gibt es punktuelle Momente der Irritation, des Zweifelns, der inneren Erschöpfung. Diese Mikromomente, so flüchtig sie auch sein mögen, können der erste Schritt zur Wende sein. Sie entstehen oft durch unerwartete Reaktionen, zum Beispiel, wenn jemand nicht wie erwartet kontert, sondern schweigt. Oder wenn jemand die andere Perspektive benennt, ohne anzugreifen. Manchmal auch, wenn ein Mensch im Umfeld nicht Partei ergreift, sondern schlicht ansprechbar bleibt. Solche kleinen Verschiebungen haben die Kraft, einen Gedankenkeim zu setzen. Aus diesem kann langsam ein neuer Umgang erwachsen.

Stufe 9: Gemeinsam in den Abgrund

Die neunte und letzte Stufe steht unter dem Zeichen des totalen Zusammenbruchs. Beide Seiten sehen keinen anderen Ausweg mehr als den vollständigen Zusammenbruch des Systems, in dem der Konflikt verankert ist. Der Arbeitsplatz wird gekündigt, die Organisation zerbricht, eine Familie wird aufgelöst, es kommt zu völliger Sprachlosigkeit oder gar psychischer oder physischer Gewalt. Die Beteiligten befinden sich in einem emotionalen Ausnahmezustand. Der Konflikt hat alle anderen Lebensbereiche durchdrungen. Es geht nicht mehr um einen Streit, sondern um eine existenzielle Krise. Die Beteiligten verlieren den Zugang zu ihrem Mitgefühl, zu ihrer Selbstwahrnehmung und manchmal auch zur Realität. Das Gegenüber wird vollständig entmenschlicht. Es zählt nur noch der totale Sieg, selbst wenn man selbst daran zerbricht.

Diese Eskalationsstufe ist der Ausdruck völliger Hoffnungslosigkeit. Sie offenbart die tiefgreifende Verzweiflung, die entstehen kann, wenn Konflikte über einen langen Zeitraum nicht bearbeitet, sondern verdrängt, bagatellisiert oder falsch gesteuert wurden. In dieser Phase scheint jegliche Vorstellung von Lösung, Heilung oder Verständigung abhandengekommen zu sein. Selbst der Gedanke an Hilfe kann als Bedrohung erlebt werden. Die Beteiligten befinden sich in einem psychischen Zustand, der einem Trauma ähnelt: Orientierungslosigkeit, emotionale Taubheit, Panik oder völliger Rückzug wechseln sich ab. Oft erleben sich die Menschen als in einem dunklen Tunnel ohne Ausgang.

Die Strukturen, die bis dahin Halt gegeben haben, brechen nun vollständig zusammen. Soziale Rollen verlieren ihre Bedeutung. Menschen, die einander einmal nahe waren, begegnen sich mit Misstrauen oder ignorieren sich vollständig. Innerhalb von Organisationen führt dies zu einem Zustand völliger Handlungsunfähigkeit. In Familien oder sozialen Gruppen kommt es zu Kontaktsperren, vollständiger Entfremdung oder zu lebenslangen Trennungen. Die soziale Zerstörungskraft dieser Eskalationsstufe ist kaum zu überschätzen. Sie greift nicht nur die unmittelbar Beteiligten an, sondern reißt auch das Umfeld mit hinein.

Ein typisches Merkmal dieser Stufe ist die völlige Perspektivverengung. Die Welt wird nur noch durch die Linse des Konflikts wahrgenommen. Menschen verlieren den Zugang zu alternativen Sichtweisen. Selbst Erinnerungen an frühere positive Erlebnisse mit der anderen Partei wirken unwirklich oder werden verdrängt. Die Fähigkeit zur Empathie, zum Perspektivwechsel oder zur Selbstreflexion ist massiv eingeschränkt. In diesem Zustand dominiert das sogenannte Tunnelbewusstsein: Die Aufmerksamkeit ist nur noch auf die Bedrohung gerichtet, alles andere wird ausgeblendet. Körperlich kann dieser Zustand mit chronischem Stress, Angstzuständen, Ohnmachtsgefühlen oder psychosomatischen Beschwerden einhergehen.

In dieser Phase wird der Konflikt nicht mehr als Teil des Lebens erlebt, sondern als dessen zentrales Element. Er definiert Identität, Daseinsberechtigung und Sinn. Die Vorstellung, ohne diesen Konflikt zu leben, erscheint den Betroffenen häufig sinnlos oder gar gefährlich. Die Eskalation hat eine Eigendynamik entwickelt, die sich von jeglicher Steuerbarkeit abgelöst hat. Betroffene agieren oft nur noch reaktiv, angetrieben von innerem Schmerz, Angst oder einem Gefühl existenzieller Bedrohung. Beziehungen, die nicht direkt mit dem Konflikt zu tun haben, leiden massiv unter dieser Fixierung. Auch das Arbeitsumfeld, der Freundeskreis und das persönliche Selbstwertgefühl werden in Mitleidenschaft gezogen.

Nicht selten tritt in dieser Phase eine schleichende Entmenschlichung nicht nur des Gegenübers, sondern auch der eigenen Person ein. Menschen beschreiben sich selbst als leer, kalt, wie ferngesteuert. Es fehlt an innerem Halt, an Orientierung und an Vertrauen in die eigene Wahrnehmung. In besonders schweren Fällen kommt es zu einem inneren Kollaps: der völlige Rückzug aus sozialen Kontakten, depressives Verhalten oder sogar suizidale Gedanken. Die neunte Stufe ist somit nicht nur der Höhepunkt eines zwischenmenschlichen Konflikts, sondern kann auch zu einer persönlichen existenziellen Krise führen.

Und dennoch: Auch in dieser Phase sind Impulse zur Wende möglich. Oft entstehen sie nicht aus rationalen Einsichten, sondern durch emotionale Erschütterung. Eine unerwartete Geste, ein Blick, ein zufälliges Gespräch, das etwas berührt, kann einen ersten Riss in der Panzerung erzeugen. Sie wirken wie ein Lichtstrahl in völliger Dunkelheit. Der Mensch beginnt zu spüren, dass es auch etwas anderes gibt als Kampf, Rückzug und Schmerz. Dieses erste Innehalten, dieses minimale Gefühl von Verbindung zu sich selbst oder zu einem anderen Menschen, kann der Beginn eines langen und möglichen Weges aus der Eskalation sein.

Professionelle Begleitung ist auf dieser Stufe unabdingbar. Menschen brauchen in dieser Phase sichere Räume, strukturierte Angebote und stabile, wertfreie Beziehungen, in denen sie nicht bewertet, sondern gehalten werden. Es braucht Zeit, Geduld und eine Haltung, die die Würde jedes Einzelnen achtet, selbst wenn dieser gerade völlig den Zugang zu sich selbst verloren hat. Erst wenn ein Mensch sich wieder als Mensch erlebt, kann er beginnen, auch den anderen wieder als Mensch zu sehen. Darin liegt der Schlüssel für Heilung, für Wiederannäherung, für echte Veränderung. Die neunte Eskalationsstufe ist nicht das Ende. Sie kann, mit Mut, Geduld und Unterstützung, der Anfang eines anderen Weges sein.

Methoden & Impulse zur Bearbeitung:

- Notfallintervention: In Stufe sieben bis neun braucht es klare, sofortige Schutzmaßnahmen für betroffene Personen. Sicherheit hat Priorität, sowohl emotional als auch strukturell. Psychosoziale Begleitung ist oft unerlässlich.
- Strukturierte Einzelgespräche mit dem Fokus auf Ressourcensicherung: Beteiligte benötigen Stabilisierung und Reflexionsräume, um wieder Kontakt zu sich selbst und ihrem Handlungsvermögen zu bekommen.
- Symbolische Abschiedsrituale: Wenn ein Konflikt nicht mehr lösbar ist, kann ein bewusster Abschluss helfen, Frieden zu schließen, auch wenn keine Verständigung mehr möglich ist.
- Vergebensarbeit, nicht im Sinne von Versöhnung, sondern als Selbstbefreiung: Wer nicht vergibt, bleibt gebunden, nicht an die andere Person, sondern an die Wunde.

Reflexionsfragen:

- Wo erkenne ich, dass der Konflikt mein Denken, Fühlen und Handeln vollständig übernommen hat?
- Welche Aspekte meiner Identität sind mit dem Konflikt verknüpft?
- Was würde passieren, wenn ich den Kampf loslasse?
- Welche Menschen in meinem Umfeld halten trotz Eskalation Kontakt zu mir?
- Was wünsche ich mir von mir selbst in dieser Situation?

Die Eskalationsstufen sieben bis neun beschreiben die tiefste Form destruktiver Konfliktdynamik. Es geht nicht mehr um Argumente oder Lösungen, sondern um die vollständige Schädigung, Ausgrenzung oder Vernichtung des Gegenübers. Und doch liegt selbst in dieser Phase ein letzter Impuls der Wandlung verborgen: dort, wo Haltung, Menschlichkeit und professionelle Begleitung neue Möglichkeitsräume öffnen können.

Das Kommunikationsquadrat nach Schulz von Thun

Die Kommunikation ist ein zentrales Element im Verständnis und der Bearbeitung von Konflikten. Sie ist das Medium, durch das Beziehungen gestaltet, Missverständnisse geklärt oder Spannungen verschärft werden. Dabei ist Kommunikation niemals neutral. Sie ist vielschichtig, mehrdimensional und hochgradig interpretierbar. Besonders in emotional aufgeladenen Situationen zeigt sich, wie unterschiedlich Menschen Botschaften verstehen, interpretieren und darauf reagieren. Das Kommunikationsquadrat, entwickelt von Friedemann Schulz von Thun, bietet einen wertvollen theoretischen und praktischen Rahmen, um diese Komplexität zu verstehen und zu bearbeiten.

Als Modell gehört das Kommunikationsquadrat zu den Klassikern der Kommunikationspsychologie. Es ist leicht zugänglich, gleichzeitig aber tiefgründig in seiner Wirkung. Es zeigt auf, dass jede Äußerung, sei sie noch so einfach, auf vier verschiedenen Ebenen kommuniziert wird: der Sachebene, der Selbstoffenbarung, der Beziehungsebene und dem Appell. Diese vier Seiten einer Nachricht wirken gleichzeitig und erzeugen beim Gegenüber jeweils ganz unterschiedliche Reaktionen. Was jemand sagt, ist also nur ein Teil der Kommunikation, entscheidend ist, was wie gehört und verstanden wird. Jede Nachricht enthält bewusst oder unbewusst Informationen über die sprechende Person, die Beziehung zum Gegenüber und über ein angestrebtes Ziel. Wer sich dieser Dimensionen bewusst wird, kann Kommunikationssituationen viel differenzierter erfassen.

Gerade in Konflikten zeigt sich die Relevanz dieses Modells besonders deutlich. Aussagen, die auf der Sachebene neutral gemeint sind, können auf der Beziehungsebene verletzend wirken. Eine Frage kann als Kritik empfunden werden, ein Hinweis als Herabsetzung, eine Bitte als Befehl. Der Konflikt entsteht nicht nur durch unterschiedliche Interessen oder Werte, sondern auch durch die Art und Weise, wie Kommunikation wahrgenommen, interpretiert und emotional verarbeitet wird. Hier hilft das Kommunikationsquadrat, eine differenzierte Sichtweise einzunehmen. Es lädt dazu ein, die eigenen Aussagen bewusster zu gestalten und die

Reaktionen anderer genauer zu verstehen. Wer erkennt, welche Seite einer Nachricht bei der anderen Person besonders stark ankommt, kann gezielter reagieren und Eskalationen vorbeugen.

Hinzu kommt, dass das Modell nicht nur für gesprochene Sprache gilt. Auch nonverbale Kommunikation, also Mimik, Gestik, Tonfall oder Körpersprache, enthält diese vier Ebenen. Ein Seufzen, ein Stirnrunzeln oder ein betontes Schweigen kann je nach Kontext eine Botschaft auf Beziehungsebene, eine Selbstoffenbarung oder einen Appell enthalten. Gerade deshalb ist das Kommunikationsquadrat in der Praxis so wertvoll. Es sensibilisiert für das, was unter der Oberfläche mitschwingt, und stärkt damit die Fähigkeit zur empathischen und bewussten Kommunikation.

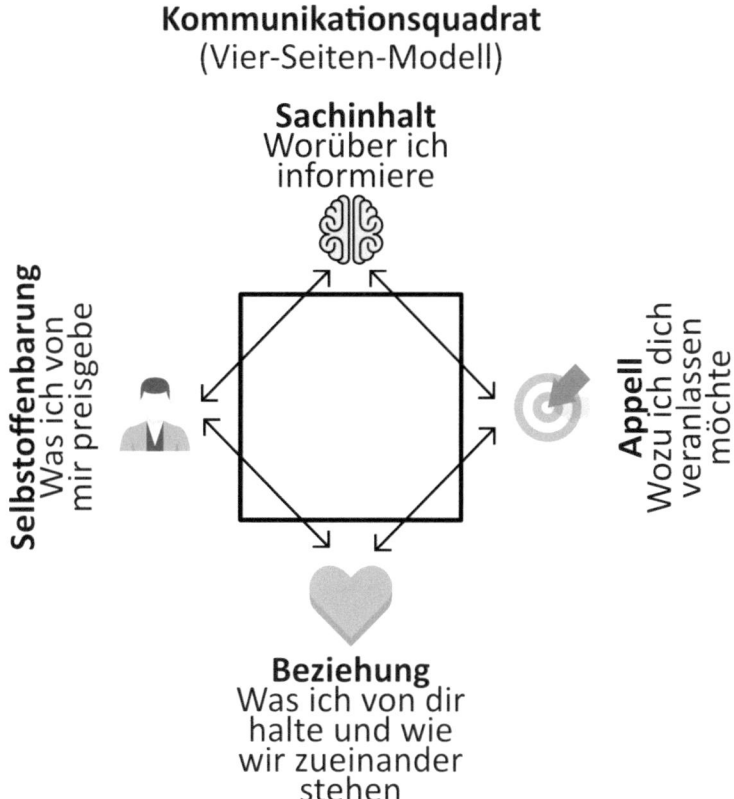

In der Arbeit mit Menschen, sei es in Beratung, Bildung oder Therapie, hat sich das Modell als besonders hilfreich erwiesen. Es bietet einen niedrigschwelligen Zugang, um Kommunikationsmuster zu reflektieren und neue Perspektiven zu entwickeln. Gleichzeitig ermöglicht es einen wertschätzenden Umgang mit Missverständnissen, indem es aufzeigt, dass nicht der Inhalt allein für Konflikte verantwortlich ist, sondern auch die Art der Mitteilung und der dahinterliegende psychologische Kontext. Besonders in Gruppenprozessen kann die Reflexion mithilfe des Kommunikationsquadrats zu mehr Offenheit, Verständnis und Dialogbereitschaft führen. Es fördert die Fähigkeit, auch in schwierigen Gesprächen gelassen zu bleiben und nach dem verborgenen Kern einer Aussage zu fragen, statt nur auf der Oberfläche zu reagieren.

Das Kommunikationsquadrat lädt zur inneren Achtsamkeit ein. Es fordert dazu auf, sich selbst in der Kommunikation zu beobachten: Welche Seite betone ich in meinen Aussagen besonders? Bin ich mir dessen bewusst? Wie reagiere ich, wenn ich mich missverstanden fühle? Welche Ebene eines Satzes meines Gegenübers spricht mich emotional besonders an? Die Beantwortung solcher Fragen kann nicht nur das Verständnis füreinander vertiefen, sondern auch das eigene Kommunikationsverhalten nachhaltig verändern. Es entsteht ein bewussterer, wertschätzenderer Umgang mit Sprache, Zuhören und Reaktion.

Im weiteren Verlauf dieses Kapitels werden wir uns die vier Seiten der Kommunikation im Detail ansehen. Dabei geht es nicht nur um theoretisches Verständnis, sondern auch um praktische Anwendungsbeispiele, methodische Impulse und Reflexionshilfen. Ziel ist es, das Kommunikationsquadrat nicht nur als Modell, sondern als Haltung zu begreifen: als Einladung, Kommunikation bewusster, differenzierter und menschlicher zu gestalten. Kommunikation ist Beziehung, und das Kommunikationsquadrat ist ein Werkzeug, um diese Beziehung in ihrer Tiefe zu verstehen, zu pflegen und zu transformieren.

Die Sachebene

Die Sachebene als erste Seite einer Nachricht ist jene, auf die sich viele Menschen im Alltag automatisch konzentrieren. Hier geht es um den reinen Informationsgehalt einer Aussage. Was wird sachlich mitgeteilt? Welche Daten, Fakten oder konkreten Hinweise enthält die Botschaft? In professionellen Kontexten, zum Beispiel im beruflichen Austausch oder in Meetings, wird die Sachebene häufig als die objektive, neutrale Komponente angesehen. Doch gerade diese scheinbare Objektivität ist oft trügerisch. Denn auch sachlich formulierte Aussagen können emotional aufgeladen sein oder in einem bestimmten Ton vermittelt werden, der zusätzliche Bedeutung transportiert.

Ein Beispiel macht dies deutlich: Wenn jemand sagt, „Der Bericht ist noch nicht fertig", kann dies sachlich eine Feststellung sein. Doch je nach Kontext, Stimmlage und Beziehung zwischen den Beteiligten kann die Aussage ganz unterschiedlich ankommen. Sie kann als Vorwurf, als Erinnerung, als Appell oder als Ausdruck von Enttäuschung gehört werden. Die reine Sachebene ist also selten losgelöst von den anderen Dimensionen der Kommunikation. Dennoch ist es hilfreich, sie zunächst isoliert zu betrachten. Welche konkreten Informationen stecken in der Aussage? Was ist überprüfbar? Was ist messbar oder nachvollziehbar?

In konflikthaften Situationen kann es sehr klärend sein, die Sachebene bewusst zu stärken. Indem man gezielt nach dem fragt, was gesagt wurde, und sich dabei auf die überprüfbaren Fakten konzentriert, kann man emotionale Überlagerungen zunächst sortieren. Auch in der Moderation oder Mediation kann die Rückführung auf die Sachebene ein erster Schritt sein, um das Gespräch zu entemotionalisieren und wieder in einen dialogfähigen Rahmen zu bringen. Dabei geht es nicht darum, Gefühle zu unterdrücken, sondern darum, Klarheit zu schaffen, wo sie möglich ist.

Gleichzeitig ist die Sachebene nicht frei von Fallstricken. Was für eine Person ein klarer Fakt ist, kann für eine andere unverständlich, ungenau oder sogar irreführend sein. Kommunikationsbarrieren, fachliches Vorwissen oder unterschiedliche Bezugssysteme können dazu führen, dass selbst einfache Informationen unterschiedlich verstanden werden. Deshalb ist es wichtig, auf dieser Ebene besonders klar, transparent und verständlich zu kommunizieren. Rückfragen, Zusammenfassungen oder Visualisierungen können hier sehr hilfreich sein, um ein gemeinsames Verständnis zu sichern.

Die Bedeutung der Sachebene zeigt sich auch in interdisziplinären Arbeitszusammenhängen. Unterschiedliche Berufsgruppen haben jeweils eigene Sprachkulturen, verwenden Fachbegriffe unterschiedlich oder setzen verschiedene Schwerpunkte. Was für die eine Person als eindeutig gilt, kann für die andere unklar oder mehrdeutig sein. Dies betrifft nicht nur den Wortschatz, sondern auch die Art und Weise, wie Informationen strukturiert und vermittelt werden. Eine Architektin spricht anders über ein Projekt als ein Controller oder ein Sozialpädagoge. Wer die Sachebene stärken will, sollte deshalb immer auch sensibel für das Gegenüber sein: Wie viel Vorwissen ist vorhanden? Welche Sprache wird verstanden? Was muss erklärt werden?

Ein weiterer Aspekt ist die kulturelle Dimension der Sachebene. In verschiedenen Kulturen gibt es unterschiedliche Erwartungen an Klarheit, Direktheit oder Präzision. Während in manchen Kulturen direkte, explizite Aussagen bevorzugt werden, schätzt man in anderen eher Andeutungen, symbolische Sprache oder indirekte Hinweise. Auch hier gilt es, sensibel und achtsam zu kommunizieren. Die Sachebene ist nicht nur eine Frage der Information, sondern auch der Verständigung über Bedeutungen, Werte und Kontexte.

In Beratungssituationen kann eine gezielte Rückführung auf die Sachebene entlastend wirken. Wenn sich ein Gespräch in Vorwürfen, Emotionen oder Verunsicherung verliert, kann es hilfreich sein, zu fragen: „Was genau wurde gesagt?" oder „Welche Information fehlt uns?" Diese Fragen helfen, wieder Boden unter den Füßen zu bekommen und ein Gespräch in eine produktive Richtung zu lenken. Gerade bei emotional aufgeladenen Themen kann eine sachliche Strukturierung ein erster Schritt zur Klärung sein.

Auch Führungskräfte profitieren von einer geschulten Wahrnehmung der Sachebene. In der Kommunikation mit Mitarbeitenden geht es häufig um konkrete Ziele, Ergebnisse oder Aufgabenstellungen. Wer dabei die Sachebene sauber formuliert, schafft Orientierung und Sicherheit. Unklare Aussagen, vage Formulierungen oder widersprüchliche Informationen führen hingegen schnell zu Irritation und Vertrauensverlust. Eine gute Sachebene zeigt sich in klaren Zielvereinbarungen, nachvollziehbaren Anweisungen und transparenter Informationsweitergabe.

Zugleich darf die Konzentration auf die Sachebene nicht zur Vernachlässigung der anderen drei Seiten führen. Wer nur sachlich kommuniziert, riskiert, kalt, distanziert oder unbeteiligt zu wirken. Auch sachliche Kommunikation braucht menschliche Wärme, Zugewandtheit und Resonanz. Deshalb ist es wichtig, die Sachebene als Teil eines kommunikativen Gesamtbildes zu verstehen: klar, differenziert und dennoch eingebettet in Beziehung und Ausdruck.

Abschließend lässt sich sagen, dass die Sachebene ein wesentliches Fundament für gelingende Kommunikation darstellt. Sie schafft Struktur, Klarheit und Orientierung. In der Arbeit mit Menschen ist sie ein wertvolles Werkzeug, um Gesprächsverläufe zu ordnen, Missverständnisse aufzulösen und produktive Gesprächsräume zu schaffen. Sie allein reicht jedoch nicht aus, um tiefgreifende Verständigung zu ermöglichen. Erst im Zusammenspiel mit Selbstoffenbarung, Beziehung und Appell entfaltet sie ihre volle Wirkung.

Methoden & Impulse zur Bearbeitung:

- Formuliere eine alltägliche Aussage ausschließlich auf der Sachebene und übe, wie sie möglichst klar, verständlich und ohne Bewertung vermittelt werden kann.
- Nimm dir ein Gesprächsprotokoll oder erinnere dich an eine konfliktgeladene Unterhaltung. Analysiere die Aussagen der Beteiligten gezielt auf ihren sachlichen Gehalt. Was war überprüfbar? Wo fehlte Klarheit?

- Erstelle mit Kolleg:innen oder Teilnehmer:innen eine Sammlung von typischen Missverständnissen auf Sachebene und leite daraus konkrete Formulierungsalternativen ab.
- Trainiere das sachliche Paraphrasieren: Wiederhole Gehörtes in sachlicher Sprache, um das gemeinsame Verständnis abzusichern.

Reflexionsfragen:

- Wann habe ich zuletzt eine Aussage gemacht, die auf der Sachebene missverstanden wurde?
- Wie gehe ich damit um, wenn ich das Gefühl habe, sachlich zu sprechen, aber emotional gehört zu werden?
- Welche Techniken helfen mir persönlich, in Konflikten zur Sachebene zurückzufinden?
- Welche Bedeutung hat Klarheit für mich in der Kommunikation mit anderen?
- Wie gehe ich damit um, wenn mein Gegenüber die Sachebene verlässt?

Die Sachebene bildet das Fundament jeder bewussten und strukturierten Kommunikation. Sie ermöglicht Orientierung, Transparenz und Verlässlichkeit, besonders in herausfordernden Gesprächssituationen. Gleichzeitig ist sie nie ganz von den anderen Ebenen zu trennen. Wer die Sachebene stärkt, trägt dazu bei, Gespräche zu klären, Missverständnisse zu vermeiden und eine respektvolle Kommunikationskultur zu fördern.

Die Selbstoffenbarung

Die Selbstoffenbarung als zweite Seite des Kommunikationsquadrats spielt eine zentrale Rolle in jeder zwischenmenschlichen Begegnung. Sie beschreibt jenen Teil einer Aussage, durch den eine Person, bewusst oder unbewusst, etwas über sich selbst preisgibt. Diese Ebene umfasst Informationen über Gefühle, Bedürfnisse, Einstellungen, Werte, Erfahrungen oder auch das aktuelle psychische Befinden der sprechenden Person.

Obwohl viele Menschen die Selbstoffenbarung mit besonders persönlichen oder emotionalen Aussagen verbinden, geschieht sie in Wirklichkeit permanent. Jede Äußerung, jede Formulierung, jede Betonung enthält Hinweise darauf, wie jemand sich gerade fühlt, worauf er oder sie Wert legt oder mit welcher Haltung eine Aussage getroffen wird. Auch nonverbale Signale wie Tonfall, Körperhaltung oder Blickkontakt transportieren kontinuierlich Botschaften der Selbstoffenbarung. Selbst dann, wenn jemand betont sachlich und distanziert spricht, vermittelt er oder sie etwas über den eigenen inneren Zustand. Die Entscheidung, sich nicht zu zeigen, ist ebenfalls eine Form der Mitteilung. Sie zeugt von Vorsicht, Unsicherheit oder dem Wunsch nach Kontrolle.

In dieser Perspektive betrachtet wird deutlich, dass wir in jeder Kommunikation auch etwas über uns selbst preisgeben, selbst wenn dies nicht beabsichtigt ist. Die Art, wie wir zuhören, wie wir reagieren, wie wir schweigen oder betonen, sendet stets Signale an unser Gegenüber. Diese Form der kontinuierlichen Selbstoffenbarung verleiht der zwischenmenschlichen Kommunikation ihre Tiefe, aber auch ihre Sensibilität. Denn das Gegenüber nimmt diese feinen Signale auf, verarbeitet sie, oft unbewusst, und bildet sich daraus ein Bild unserer inneren Welt.

Deshalb lohnt es sich, diese Prozesse bewusster wahrzunehmen. Wer sich selbst dabei beobachtet, wie er oder sie spricht, kann lernen, gezielter Einfluss auf die eigene Wirkung zu nehmen. Dabei geht es nicht um Manipulation, sondern um Achtsamkeit. Um das Gespür dafür, was man mitteilen will und was man unbewusst mitkommuniziert. Diese Differenz zu erkennen, kann in der persönlichen Entwicklung eine wertvolle Ressource sein.

Gerade in Konfliktsituationen wird diese Ebene besonders relevant. Denn oft verbergen sich hinter einem Vorwurf oder einer sachlichen Kritik unausgesprochene Gefühle wie Enttäuschung, Verunsicherung oder Ärger. Diese Gefühle sind jedoch selten klar erkennbar oder benennbar. Vielmehr wirken sie im Hintergrund der Kommunikation und prägen Tonfall, Wortwahl und Körpersprache. Die Gesprächsatmosphäre verändert sich, Spannungen bauen sich auf, obwohl inhaltlich scheinbar nichts Dramatisches angesprochen wird. In solchen Momenten kann die bewusste Entscheidung zur Selbstoffenbarung einen bedeutenden Unterschied machen.

Wer es schafft, diese inneren Zustände in Worte zu fassen, ohne sie in Schuldzuweisungen zu kleiden, kann auf eine Weise kommunizieren, die sowohl authentisch als auch klärend ist. Dabei geht es nicht darum, emotional zu entgleisen oder sich ungefiltert mitzuteilen, sondern die eigene Innenwelt achtsam und respektvoll sichtbar zu machen. Ein Satz wie „Ich bin traurig, weil mir unsere Zusammenarbeit wichtig ist" wirkt in der Regel verbindender als ein Vorwurf wie „Du bist nie zuverlässig". Solche Aussagen machen deutlich, dass die eigene Reaktion aus einem wertvollen Bedürfnis oder einer inneren Erwartung heraus entsteht, und laden das Gegenüber ein, nicht in Verteidigung zu gehen, sondern in Resonanz.

Zusätzlich erlaubt Selbstoffenbarung in Konflikten, sich aus einer Eskalationsspirale zu lösen. Wo bisher Reaktion auf Reaktion folgte, schafft das bewusste Mitteilen des eigenen Erlebens eine Pause im Kommunikationsmuster. Es entsteht Raum für Reflexion, für neue Sichtweisen und für eine andere Qualität der Begegnung. Menschen, die auf diese Weise sprechen, zeigen Größe und Selbstverantwortung. Sie übernehmen Verantwortung für ihre Gefühle, ohne andere dafür verantwortlich zu machen. Diese Haltung kann die gesamte Dynamik eines Konflikts verändern.

Die Fähigkeit zur Selbstoffenbarung ist nicht nur eine kommunikative Technik, sondern auch ein Ausdruck von Reife und Selbstwahrnehmung. Sie setzt voraus, dass man sich selbst spürt, reflektieren kann, was in einem vorgeht, und dann den Mut hat, dies in einer für andere zugänglichen Weise mitzuteilen. Diese Art der Kommunikation stärkt nicht nur die Beziehung zum Gegenüber, sondern wirkt oft auch entlastend auf die sprechende Person selbst.

In professionellen Kontexten, etwa in der Beratung, in der Führung oder im Bildungsbereich, erfordert Selbstoffenbarung ein feines Gespür für Angemessenheit und Wirkung. Hier bedeutet sie nicht, alle inneren Vorgänge offenzulegen, sondern gezielt mit der eigenen Subjektivität zu arbeiten, um Beziehung und Verständnis zu fördern. Aussagen wie „Ich bin gerade irritiert, weil ich mit einer anderen Reaktion gerechnet habe" oder „Ich merke, dass mich dieses Thema emotional bewegt" können Gespräche vertiefen, ohne die eigene Rolle zu gefährden. Gerade im professionellen Umfeld geht es oft darum, Nähe zu ermöglichen, ohne Grenzen zu überschreiten. Die Kunst besteht darin, persönliche Anteile so einzubringen, dass sie Authentizität fördern und gleichzeitig den Rahmen der jeweiligen Rolle wahren. Wenn eine Führungskraft sagt: „Ich war von Ihrem Vorschlag überrascht, weil ich innerlich schon eine andere Lösung favorisiert hatte", signalisiert sie damit Offenheit, ohne ihre Autorität infrage zu stellen.

Diese Art von Selbstoffenbarung wirkt oft wie ein Katalysator für Beziehung. Sie öffnet Türen, schafft Vertrauen und kann dabei helfen, Hierarchien zu relativieren, ohne sie aufzulösen. In einem pädagogischen Setting etwa kann ein:e Lehrende:r mit einem Satz wie „Ich habe auch manchmal Schwierigkeiten, ruhig zu bleiben" eine Atmosphäre schaffen, in der sich Schüler:innen oder Teilnehmer:innen mit ihren eigenen Herausforderungen zeigen dürfen. Diese gegenseitige Menschlichkeit schafft nicht nur Nähe, sondern auch Motivation und Bereitschaft zur Kooperation. Selbstoffenbarung wird hier zum Beziehungsgeschenk, das Verantwortung nicht untergräbt, sondern tragfähiger macht.

Selbstoffenbarung fördert Authentizität, Nahbarkeit und Vertrauen. Sie braucht Mut und Selbstkenntnis, aber sie schenkt dem Dialog Tiefe und Lebendigkeit. In der Bearbeitung von Konflikten kann sie ein entscheidender Hebel sein, um festgefahrene Muster zu überwinden und neue Kommunikationswege zu öffnen. Die Dimension der Selbstoffenbarung reicht jedoch weit über zwischenmenschliche Interaktionen hinaus. Sie ist auch ein zentrales Element der Selbstentwicklung und des persönlichen Wachstums. Wer lernt, sich selbst besser zu verstehen und dieses Verstehen in Worte zu fassen, schärft nicht nur seine Ausdrucksfähigkeit, sondern auch die Fähigkeit zur Selbstführung. In Coachings oder therapeutischen Prozessen ist die gezielte Arbeit mit der Selbstoffenbarung ein Schlüssel zur Selbsterkenntnis. Sie erlaubt es, innere Konflikte zu benennen, Muster zu erkennen und neue Handlungsoptionen zu entwickeln.

Auch im Alltag können kleine Gesten der Selbstoffenbarung große Wirkung entfalten. Ein offenes Wort im richtigen Moment, ein persönlicher Satz in einem professionellen Gespräch oder ein ehrliches Eingeständnis im familiären Umfeld können Türen öffnen, Missverständnisse klären und Verbindung schaffen. Oft braucht es dazu gar nicht viele Worte, sondern nur den Mut, das Eigene sichtbar zu machen. Diese Art der Kommunikation erfordert keine rhetorische Perfektion, sondern Präsenz, Achtsamkeit und Klarheit.

Gleichzeitig gibt es Grenzen der Selbstoffenbarung, die es zu respektieren gilt. Nicht jede Situation ist geeignet, um persönliche Themen zu teilen. Es braucht ein Gespür dafür, wann und wie viel Selbstoffenbarung sinnvoll und angemessen ist. Auch die Sicherheit des Raumes, das Vertrauen zum Gegenüber und die eigene emotionale Stabilität spielen dabei eine Rolle. Selbstoffenbarung ist kein Selbstzweck, sondern ein Mittel zur Beziehungsgestaltung. Sie darf nicht erzwungen, aber sie darf eingeladen werden.

Besonders wichtig ist dabei die Unterscheidung zwischen authentischer Selbstoffenbarung und manipulativer Inszenierung. Letztere verfolgt oft das Ziel, Aufmerksamkeit zu erzeugen, Sympathie zu gewinnen oder

Kontrolle auszuüben. Authentische Selbstoffenbarung hingegen entspringt dem Wunsch nach echter Verbindung und Verständigung. Sie ist getragen von Respekt, sich selbst und dem Anderen gegenüber.

Methoden & Impulse zur Bearbeitung:

- Übung: Formuliere eine sachliche Aussage und erweitere sie um eine kurze Selbstoffenbarung. Beispiel: „Der Bericht ist nicht fertig" wird zu „Der Bericht ist nicht fertig, und ich bin gerade etwas gestresst, weil ich Zeitdruck empfinde."
- Reflexionsrunde im Team: Jede Person teilt einen Satz über eine aktuelle Herausforderung und fügt eine Ich-Botschaft hinzu.
- Biografisches Schreiben: In der Arbeit mit Gruppen kann eine Übung zur Selbstreflexion helfen, um die Verbindung zu eigenen Werten, Bedürfnissen und Erfahrungen zu stärken.
- Kommunikationsanalyse: Nimm Gespräche aus deinem Alltag unter die Lupe. Welche Form der Selbstoffenbarung war darin enthalten? Wie wurde sie aufgenommen?
- Feedbackarbeit: Übe, in Rückmeldungen nicht nur Bewertungen zu äußern, sondern auch zu spiegeln, was eine Situation mit dir gemacht hat. Beispiel: „Ich war überrascht über deine Reaktion, weil ich innerlich mit etwas anderem gerechnet habe."

Reflexionsfragen:

- Wie leicht oder schwer fällt es mir, etwas Persönliches zu teilen?
- In welchen Situationen habe ich erlebt, dass Selbstoffenbarung zu mehr Verständnis geführt hat?
- Was hindert mich daran, mich zu zeigen?
- Wie kann ich lernen, mich stärker selbst wahrzunehmen und mitzuteilen?
- Welche Wirkung hat es auf mich, wenn sich andere öffnen?
- Welche Grenzen spüre ich in meiner Bereitschaft zur Selbstoffenbarung?
- Wie gehe ich mit der Selbstoffenbarung anderer um? Wertschätzend, urteilsfrei, offen?

Die Selbstoffenbarung ist eine der vier wesentlichen Ebenen jeder Kommunikation. Sie bringt zum Ausdruck, wie wir uns selbst erleben, was uns bewegt und worauf wir Wert legen. Gerade in Konfliktsituationen ermöglicht sie eine menschliche, ehrliche und lösungsorientierte Kommunikation. Wer sich zeigt, schafft Beziehung. Wer hört, was sich hinter Worten verbirgt, versteht tiefer. So wird die Selbstoffenbarung zur Brücke zwischen Menschen. Sie ist ein Instrument der Verbindung, der Klärung und der Entwicklung, sowohl im Miteinander als auch in der persönlichen Reifung.

Die Beziehungsebene

Die Beziehungsebene ist vielleicht die sensibelste und zugleich folgenreichste Seite jeder Kommunikation. Sie beschreibt, was wir von unserem Gegenüber halten, wie wir zu ihm oder ihr stehen und welche Haltung wir im Gespräch einnehmen. Diese Dimension wird oft nicht ausgesprochen, aber sie schwingt in jedem Wort, in jeder Geste, in jedem Blick mit. Schon der Tonfall einer Aussage, die Körperhaltung oder der Abstand zwischen den Gesprächspartner:innen verraten mehr über die Beziehung als der sachliche Inhalt selbst. Menschen reagieren deshalb häufig nicht auf das, was gesagt wurde, sondern auf das wie. Der Ton macht die Musik, und dieser Ton wirkt auf der Beziehungsebene.

Diese innere Klarheit ist jedoch kein Zustand, den man einmal erreicht und dann behält. Sie ist vielmehr ein fortlaufender Prozess der Selbstbegegnung und Selbstentwicklung. Gerade unter Druck oder in emotional belastenden Situationen zeigt sich, wie stabil und bewusst die eigene Haltung wirklich ist. Wer sich selbst kennt, wer regelmäßig reflektiert, wie er oder sie kommuniziert, reagiert nicht impulsiv, sondern entscheidet bewusst, wie die Beziehung gestaltet werden soll. Das erfordert Übung, Geduld und eine gewisse Demut, denn niemand ist frei von blinden Flecken oder emotionalen Reaktionen.

Beziehungsarbeit bedeutet deshalb auch immer, sich selbst zuzumuten. Das heißt, sich nicht hinter Rollen, Titeln oder Fachwissen zu verstecken, sondern als Mensch präsent zu sein. Diese Präsenz wirkt. Sie schafft Verbindung. Sie öffnet Räume für echte Begegnung, auch wenn die Meinungen auseinandergehen. Menschen erinnern sich oft weniger an die Worte, die gesagt wurden, als an das Gefühl, das sie dabei hatten. Wer es schafft, auf Beziehungsebene Vertrauen, Respekt und Klarheit zu vermitteln, gestaltet Gespräche, die wirken, lange über das Gesagte hinaus.

Machen wir uns bewusst: Jede Botschaft enthält, bewusst oder unbewusst, eine Aussage darüber, wie sich jemand zur anderen Person positioniert. Diese Beziehungshinweise können wertschätzend, unterstützend, distanziert, überheblich, abwertend oder auch ambivalent sein. Die

Beziehungsebene entscheidet wesentlich darüber, ob eine Botschaft ankommt, ob sie verstanden wird und ob sie beim Gegenüber überhaupt Bereitschaft zur Auseinandersetzung auslöst. In zwischenmenschlichen Beziehungen ist diese Ebene daher oft der Schlüssel zur Verständigung oder der Auslöser für Missverständnisse und Konflikte.

Ein und dieselbe Aussage kann auf der Beziehungsebene völlig unterschiedlich wahrgenommen werden. Wenn jemand sagt: „Könntest du bitte das Fenster schließen?", kann das als höfliche Bitte, als Kontrolle, als Vorwurf oder als Ausdruck von Fürsorglichkeit empfunden werden, je nachdem, wie es gesagt wird und in welchem Verhältnis die Personen zueinanderstehen. Entscheidend ist also nicht nur der Wortlaut, sondern auch, welche Beziehungsebene dabei mitschwingt. Wer spricht, sendet unentwegt Signale darüber aus, wie er oder sie das Gegenüber sieht, einordnet oder behandelt. Und wer zuhört, nimmt diese Signale auf, oft ohne es zu merken. Dabei reagiert er oder sie unmittelbar auf die wahrgenommene Haltung.

Je besser Menschen einander kennen, desto feinfühliger reagieren sie auf diese Beziehungssignale. In langjährigen Partnerschaften, familiären Strukturen oder eingespielten Teams kann ein einziger Blick, ein verändertes Wort oder eine Geste genügen, um eine Reaktion auszulösen. Dabei muss das Gegenüber gar nichts bewusst gemeint haben. Die Beziehungsebene wirkt vor allem durch die Geschichte zwischen den Beteiligten. Alte Verletzungen, vergangene Enttäuschungen oder unausgesprochene Erwartungen können jederzeit mitwirken und die Kommunikation beeinflussen, selbst wenn es scheinbar um ein neutrales Thema geht.

Gerade in Konfliktsituationen spielt die Beziehungsebene eine entscheidende Rolle. Häufig sind es nicht die inhaltlichen Differenzen, die das Miteinander belasten, sondern die Art und Weise, wie Menschen einander begegnen. Ein sachlich formulierter Vorschlag kann auf Ablehnung stoßen, wenn er von einer Person kommt, zu der wenig Vertrauen besteht. Umgekehrt kann eine weniger durchdachte Idee Anklang finden, wenn sie aus einer Beziehung heraus geäußert wird, die von gegenseitiger

Wertschätzung getragen ist. Beziehung bestimmt also nicht nur das Klima eines Gesprächs, sondern auch dessen Verlauf und Ergebnis. Oft genügt eine irritierende Formulierung, ein ungewohnt harter Ton oder eine Geste der Ungeduld, um ein Gespräch zum Kippen zu bringen.

Die Herausforderung auf der Beziehungsebene besteht darin, dass sie stark unbewusst gesteuert ist. Viele Menschen sind sich ihrer Haltung oder Wirkung auf andere nicht bewusst. Gleichzeitig reagieren sie sehr sensibel auf Beziehungssignale anderer. Schon eine kleine Irritation, ein fragender Blick oder eine ablehnende Geste kann das Vertrauen stören. Deshalb lohnt es sich, die eigene Kommunikation immer auch auf Beziehungshinweise hin zu reflektieren. Was sende ich aus? Welche Haltung drücke ich aus, bewusst oder unbewusst? Und was nehme ich vom anderen wahr, jenseits des Gesagten? Diese Art von Reflexion kann helfen, Kommunikationsmuster bewusster zu steuern und Eskalationen vorzubeugen.

In professionellen Zusammenhängen ist die Beziehungsebene ein zentrales Werkzeug. Wer es schafft, auch unter Druck oder in konflikthaften Situationen eine zugewandte, respektvolle und klare Haltung auszustrahlen, legt die Grundlage für tragfähige Beziehungen. Es geht nicht darum, immer freundlich oder harmonisch zu sein, sondern ehrlich, transparent und wertschätzend. Eine klare Haltung, verbunden mit Respekt, schafft Vertrauen, auch wenn man inhaltlich nicht übereinstimmt. Beziehungskompetenz zeigt sich daher besonders dann, wenn es schwierig wird. Sie zeigt sich in der Fähigkeit, Missverständnisse zu klären, eigene Anteile zu reflektieren und empathisch auf das Gegenüber einzugehen.

Auch in Teams oder Organisationen hat die Beziehungsebene eine enorme Bedeutung. Sie beeinflusst das Betriebsklima, die Kooperationsbereitschaft und die Konfliktkultur. Führungskräfte, die ihre Beziehungssignale bewusst gestalten, schaffen ein Umfeld, in dem sich Mitarbeitende sicher, gesehen und gehört fühlen. Das steigert nicht nur die Zufriedenheit, sondern auch die Leistungsbereitschaft und Innovationskraft. Umgekehrt kann eine unklare oder abwertende

Beziehungsgestaltung zu Demotivation, Rückzug oder innerer Kündigung führen, selbst wenn die äußeren Arbeitsbedingungen gut sind.

Die bewusste Gestaltung der Beziehungsebene verlangt vor allem eines: innere Klarheit. Wer mit sich selbst im Reinen ist, kann auch anderen offen begegnen. Wer seine Grenzen kennt, kann diese respektvoll vertreten. Wer sich selbst reflektiert, begegnet auch anderen mit Empathie. Deshalb ist Beziehung nicht nur eine kommunikative Ebene, sondern auch ein Spiegel der inneren Haltung. Die Art, wie wir anderen begegnen, erzählt viel darüber, wie wir uns selbst sehen. Wer sich selbst wertschätzt, wird auch anderen leichter mit Wertschätzung begegnen. Wer seine Unsicherheiten kennt, muss sie nicht durch Dominanz kompensieren.

Methoden & Impulse zur Bearbeitung:

- Gruppendiskussion: In Kleingruppen analysieren Teilnehmende eine herausfordernde Kommunikationssituation anhand der Beziehungsebene. Welche Signale wurden gesendet und wie könnten sie gewirkt haben?
- Rollenreflexion: Jede:r Teilnehmende reflektiert seine oder ihre eigene Rolle in einem Team oder einer Organisation. Welche Haltung sende ich auf Beziehungsebene aus? Wie wirke ich auf andere?
- Partnerübung: Zwei Personen tauschen sich über ein aktuelles oder vergangenes Gespräch aus. Die Aufgabe besteht darin, ausschließlich Beziehungshinweise zu identifizieren und deren Wirkung zu beschreiben.
- Standbildarbeit: Die Gruppe stellt mit Körperhaltungen und Mimik typische Beziehungskonstellationen (z. B. Dominanz, Rückzug, Gleichwertigkeit) als Standbild dar. Anschließend Reflexion: Wie fühlt es sich an? Was vermittelt diese Haltung?
- Fallarbeit mit Feedback: Eine Person schildert einen echten Fall aus der Praxis. Die Gruppe analysiert, welche Beziehungssignale bewusst oder unbewusst gesendet wurden und entwickelt gemeinsam alternative Ausdrucksweisen.

Reflexionsfragen:

- Wie nehme ich die Beziehungsebene in Gesprächen wahr?
- Welche Haltung möchte ich in Begegnungen ausstrahlen?
- Wie reagiere ich auf ablehnende oder irritierende Beziehungssignale?
- Wie kann ich respektvoll auf mein Gegenüber eingehen, auch wenn ich anderer Meinung bin?
- Was hilft mir, in konflikthaften Situationen auf Beziehungsebene präsent und offen zu bleiben?

Die Beziehungsebene ist das emotionale Fundament jeder Kommunikation. Sie wirkt häufig unterbewusst, hat aber entscheidenden Einfluss auf Vertrauen, Verständnis und Gesprächserfolg. Wer lernt, diese Ebene bewusst zu gestalten, schafft tragfähige Beziehungen, verbessert das Miteinander und kann Konflikte achtsam und respektvoll bearbeiten. Wer mit sich selbst im Reinen ist, kann auch anderen offen begegnen. Wer seine Grenzen kennt, kann diese respektvoll vertreten. Wer sich selbst reflektiert, begegnet auch anderen mit Empathie. Deshalb ist Beziehung nicht nur eine kommunikative Ebene, sondern auch ein Spiegel der inneren Haltung. Die Art, wie wir anderen begegnen, erzählt viel darüber, wie wir uns selbst sehen. Wer sich selbst wertschätzt, wird auch anderen leichter mit Wertschätzung begegnen. Wer seine Unsicherheiten kennt, muss sie nicht durch Dominanz kompensieren.

Die Appellebene

Die Appellebene ist die vierte Seite des Kommunikationsquadrats und beschreibt jenen Teil einer Botschaft, der auf das Verhalten oder Denken des Gegenübers einwirken will. Jeder Mensch sendet, bewusst oder unbewusst, mit seinen Worten und seinem Verhalten bestimmte Aufforderungen. Diese können direkt formuliert sein oder zwischen den Zeilen mitschwingen. Die Appellebene ist damit eng verbunden mit Intention, Einflussnahme und Handlungserwartung. Sie ist das kommunikative Element, das Menschen dazu bewegen soll, etwas zu tun, zu lassen, zu überdenken oder anders zu bewerten. Dabei reicht die Spannweite von klaren Handlungsaufforderungen über subtile Erwartungen bis hin zu manipulativen Suggestionen. Gerade weil Appelle so alltäglich und oft unausgesprochen sind, entfalten sie eine besondere Wirkung. Sie mobilisieren, provozieren, verunsichern oder motivieren, je nach Situation, Formulierung und Beziehung zwischen den Beteiligten. Das macht die bewusste Reflexion über die Appellebene zu einem zentralen Aspekt gelingender Kommunikation.

In alltäglichen Gesprächen geschieht dies ständig. Aussagen wie „Mach bitte das Fenster zu", „Du könntest dich auch mal wieder melden" oder „Ich wäre froh, wenn du heute pünktlich bist" enthalten klare oder versteckte Appelle. Selbst scheinbar neutrale Aussagen wie „Hier ist es kalt" können eine implizite Handlungsaufforderung enthalten, nämlich: jemand soll das Fenster schließen. Das macht die Appellebene so vielschichtig und manchmal auch missverständlich. Denn der oder die Sprechende weiß oft nicht, wie stark der Appell beim Gegenüber ankommt, und der oder die Hörende ist sich häufig nicht sicher, ob wirklich eine Erwartung besteht oder nur ein Gedanke geäußert wurde. Hier beginnt der Raum für Interpretationen, Missverständnisse und auch unausgesprochene Spannungen.

Appelle können auf vielfältige Weise transportiert werden. Neben direkter Sprache spielen auch Körpersprache, Stimmlage, Blickkontakt oder Pausen eine bedeutende Rolle. Eine Aussage wie „Ich hätte das schon längst erledigt" kann sachlich klingen, aber gleichzeitig einen subtilen

Appell zur Leistungssteigerung enthalten. Ebenso können wiederholte Hinweise, gezielte Fragen oder bestimmte Betonungen dazu dienen, das Verhalten des Gegenübers in eine gewünschte Richtung zu lenken. Oft geschieht dies unbewusst, gerade bei Menschen, die in leitenden oder beratenden Rollen agieren. Umso wichtiger ist es, sich über die Wirkung eigener Aussagen klar zu werden und sie in ihrer Intention zu reflektieren.

In der professionellen Kommunikation ist ein bewusster Umgang mit der Appellebene besonders wichtig. Hier entscheidet sich oft, ob Gespräche als klar, führend oder manipulierend erlebt werden. Wer in Führungs-, Beratungs- oder Lehrsituationen kommuniziert, sollte sich darüber im Klaren sein, welche Appelle in den eigenen Aussagen enthalten sind und wie diese auf das Gegenüber wirken. Auch nonverbale Elemente wie Körpersprache, Tonfall oder Pausen können starke Appelle senden, selbst wenn der Inhalt neutral erscheint. Es braucht also eine hohe Sensibilität für die Wirkungsebene jeder Aussage. Zudem sollte reflektiert werden, ob die Appelle dem Gegenüber Freiraum lassen oder subtilen Druck ausüben. Eine unausgesprochene Erwartung kann Unsicherheit oder sogar Widerstand auslösen, während eine offen formulierte und begründete Erwartung häufig als Orientierung und Einladung empfunden wird. Klarheit auf der Appellebene schafft deshalb nicht nur Struktur, sondern stärkt auch die Beziehungsebene, weil sie auf Augenhöhe kommuniziert wird. Diese Klarheit schafft Vertrauen, reduziert Unsicherheit und fördert die Bereitschaft zur Kooperation.

Gleichzeitig ist die Appellebene eng mit Macht, Verantwortung und Beziehung verbunden. Menschen reagieren sehr unterschiedlich auf Appelle. Manche sind eher anpassungsbereit und versuchen, Erwartungen möglichst schnell zu erfüllen, um Harmonie zu wahren oder Konflikte zu vermeiden. Andere reagieren mit Zurückhaltung oder offener Ablehnung, besonders wenn sie sich bevormundet, unter Druck gesetzt oder manipuliert fühlen. Der innere Widerstand entsteht dabei oft nicht durch den Appell selbst, sondern durch die Art und Weise, wie dieser kommuniziert wird. Deshalb ist es sinnvoll, Appelle kontextsensibel zu formulieren, also abgestimmt auf Beziehung, Rolle und Situation. Ein Appell in einer gleichwertigen Beziehung wird anders verstanden als ein Appell in einer hierarchischen Struktur. In einem vertrauten Umfeld kann ein Appell als Einladung zur Zusammenarbeit wirken, während er in einer asymmetrischen Beziehung schnell als Anweisung oder Befehl empfunden wird. Entscheidend ist, ob der oder die Hörende sich respektiert, einbezogen und ernst genommen fühlt. Nur dann kann der Appell seine Wirkung im Sinne einer wertschätzenden und zielorientierten Kommunikation entfalten.

Klare, konstruktive und respektvolle Appellkommunikation erfordert ein hohes Maß an Bewusstheit über die eigene innere Absicht, sprachliche Präzision und Sensibilität für das Gegenüber. Appelle, die offen, nachvollziehbar und in respektvoller Haltung formuliert werden, fördern ein kooperatives Miteinander und stärken die Eigenverantwortung. Sie schaffen Verbindlichkeit, ohne Druck auszuüben, und laden zur Mitgestaltung ein. Gleichzeitig ermöglichen sie es, Grenzen klar zu benennen und Anliegen wirkungsvoll zu vertreten, ohne das Gegenüber zu überrollen. Wer lernt, Appelle differenziert zu erkennen, transparent zu benennen und dialogisch zu gestalten, erweitert seine kommunikativen Handlungsspielräume erheblich und gestaltet Beziehungen aktiv mit.

Appelle sind somit nicht per se gut oder schlecht. Ihre Wirkung hängt stark davon ab, wie sie kommuniziert, aufgenommen und weiterverarbeitet werden. Eine gesunde Kommunikationskultur braucht Offenheit für Appelle, aber auch die Möglichkeit, diese zu hinterfragen oder abzulehnen. Besonders in Arbeitskontexten, in denen Menschen zusammen an Zielen arbeiten, sind klare Appelle notwendig. Sie schaffen Struktur, ermöglichen Koordination und fördern Verantwortlichkeit. Gleichzeitig brauchen Menschen das Gefühl, ihre Handlungsspielräume selbst mitgestalten zu können. Gelungene Appellkommunikation balanciert deshalb zwischen Klarheit und Freiraum, zwischen Führung und Selbstverantwortung.

Nicht zuletzt trägt die Reflexion über die Appellebene zur persönlichen Weiterentwicklung bei. Wer sich fragt, welche Botschaften in den eigenen Aussagen mitschwingen, übernimmt Verantwortung für die eigene

Wirkung. Und wer lernt, Appelle anderer zu erkennen, ohne vorschnell zu reagieren, entwickelt Souveränität im Umgang mit Erwartungen. Die Appellebene ist damit weit mehr als ein technisches Element der Kommunikation. Sie ist ein Spiegel innerer Haltungen, ein Werkzeug bewusster Beziehungsgestaltung und ein zentraler Baustein konstruktiver Dialoge.

Methoden & Impulse zur Bearbeitung:

- Analyse-Übung: In Kleingruppen analysieren die Teilnehmenden Gesprächssituationen auf explizite und implizite Appelle. Dabei reflektieren sie, welche Wirkung die Appelle jeweils entfaltet haben.
- Appell-Dialoge: Zwei Personen führen ein Gespräch, in dem bewusst unterschiedliche Arten von Appellen formuliert und gespiegelt werden. Die Gruppe gibt Feedback zur Wirkung.
- Perspektivenwechsel: Appelle werden in verschiedenen Tonlagen und Haltungen geübt. Wie verändert sich die Wirkung bei gleicher inhaltlicher Aussage?
- Appell-Selbstbeobachtung: Über mehrere Tage dokumentieren die Teilnehmenden eigene Appelle im Alltag. Im Plenum wird reflektiert, was bewusst oder unbewusst gesendet wurde und welche Reaktionen folgten.
- Gruppenarbeit: In Kleingruppen werden beruflich relevante Appelle in klarer, wertschätzender Sprache neu formuliert.

Reflexionsfragen:

- Welche Appelle sende ich häufig, ohne sie klar zu formulieren?
- Wie reagiere ich, wenn mir jemand einen Appell gegenüber äußert?
- In welchen Situationen formuliere ich Appelle zu weich, zu hart oder gar nicht?
- Wie gelingt es mir, Erwartungen klar und respektvoll auszusprechen?
- Welche Wirkung wünsche ich mir von meinen Appellen, und was kommt tatsächlich an?

Die Appellebene ist in jeder Kommunikation präsent und beeinflusst maßgeblich, wie Menschen handeln, reagieren oder Entscheidungen treffen. Ihre Kraft liegt in der Klarheit und Haltung, mit der Erwartungen formuliert werden. Wer Appelle achtsam, offen und respektvoll gestaltet, stärkt nicht nur die Wirkung seiner Kommunikation, sondern auch die Beziehung zu anderen. Bewusste Appellkommunikation schafft Orientierung, fördert Eigenverantwortung und ermöglicht ein partnerschaftliches Miteinander auf Augenhöhe.

Typische Verhaltensmuster in Konflikten

Konflikte bringen Menschen oft an ihre emotionalen Grenzen. In vielen Situationen sind es jedoch nicht allein die Inhalte eines Streits oder einer Meinungsverschiedenheit, die zur Eskalation führen, sondern die Art und Weise, wie Menschen mit der Situation umgehen. Jeder Mensch entwickelt im Laufe seines Lebens bestimmte Muster, wie er oder sie auf Spannung, Unstimmigkeit oder offene Auseinandersetzungen reagiert. Diese Verhaltensmuster sind geprägt durch Erfahrungen, Sozialisation, erlernte Strategien, persönliche Überzeugungen und die Dynamik des jeweiligen Umfeldes. Oft entstehen sie aus einem Zusammenspiel früherer Erlebnisse, familiärer Prägungen und gesellschaftlicher Erwartungen. Kinder, die in einem Umfeld aufwachsen, in dem Konflikte vermieden oder aggressiv ausgetragen werden, lernen in der Regel keinen konstruktiven Umgang damit. Diese frühen Erfahrungen setzen sich häufig im Erwachsenenalter fort, wenn sie nicht bewusst reflektiert und durch neue Erfahrungen korrigiert werden.

Verhaltensmuster in Konflikten sind auch abhängig von kulturellen Einflüssen und Geschlechterrollen. In manchen Kontexten wird von bestimmten Personen erwartet, ruhig und anpassungsfähig zu sein, während andere eher zur Durchsetzung erzogen werden. So entstehen Rollenerwartungen, die sich tief im Verhalten verankern. Wer als Kind gelernt hat, dass Widerspruch unerwünscht ist, wird sich auch im späteren Leben eher zurückhalten, selbst wenn dies zu innerer Spannung führt. Umgekehrt neigen Menschen, die für lautstarke Durchsetzung Anerkennung erfahren haben, dazu, dieses Verhalten weiterzuführen, selbst wenn es in bestimmten sozialen Kontexten eher destruktiv wirkt.

Besonders deutlich werden diese Muster in Situationen, die mit Stress, Kontrollverlust oder verletztem Stolz verbunden sind. Hier greifen Menschen häufig auf vertraute, automatisierte Reaktionen zurück, weil sie ihnen einst Sicherheit versprachen. Diese Muster können kurzfristig entlastend sein, langfristig jedoch die Situation verschärfen. Der Zugang zu alternativen Handlungsmöglichkeiten bleibt versperrt, solange das eigene Reaktionsrepertoire nicht bewusst erweitert wird. Deshalb ist es hilfreich, sich der eigenen Muster bewusst zu werden. Nicht, um sich zu verurteilen, sondern um die eigene Reaktionsfähigkeit zu stärken und in belastenden Situationen neue Wege gehen zu können.

Rückzug

Ein häufiges Muster ist der Rückzug. Menschen, die Konflikte als unangenehm oder gefährlich empfinden, neigen dazu, sich innerlich oder äußerlich aus der Situation zu entfernen. Sie schweigen, vermeiden Blickkontakt oder verlassen sogar den Raum. Diese Form der Reaktion ist oftmals ein Schutzmechanismus, der ursprünglich dazu dienen sollte, sich selbst vor Überforderung zu bewahren. Rückzug bedeutet dabei nicht immer, dass kein Interesse an einer Lösung besteht. Vielmehr kann sich dahinter eine tiefe Angst vor Zurückweisung, Konfrontation oder Eskalation verbergen. Oft ist es auch die Sorge, emotional nicht stabil genug zu sein, um sich auf ein offenes Gespräch einzulassen. Manche Menschen haben gelernt, dass es sicherer ist zu schweigen, als das Risiko einzugehen, falsch verstanden zu werden oder sich verletzbar zu zeigen. Besonders in Beziehungen, in denen Streit oder Kritik mit Liebesentzug oder Abwertung verbunden waren, wird Rückzug zur gewohnten Strategie. Er vermittelt zunächst Ruhe, schafft Distanz und kann sogar als Form der Selbstfürsorge erlebt werden. Langfristig jedoch kann Rückzug zu Missverständnissen, Isolation und weiterem Konfliktstoff führen, insbesondere wenn er nicht als aktive Kommunikationsstrategie verstanden wird, sondern als Ausdruck von Desinteresse oder Ablehnung wahrgenommen wird. Für das Gegenüber entsteht dadurch häufig das Gefühl, allein gelassen zu werden oder keine Möglichkeit zur Klärung zu erhalten. Deshalb ist es wichtig, Rückzugsmuster zu erkennen und gegebenenfalls durch bewusstes Mitteilen der eigenen Beweggründe zu ergänzen. Wer offen sagen kann: „Ich brauche gerade einen Moment, um mich zu sortieren," schafft mehr Verbindung als jemand, der kommentarlos aussteigt. Rückzug muss nicht vermieden werden, doch er sollte eingebettet sein in einen Dialog über Bedürfnisse, Grenzen und den Wunsch, den Kontakt nicht abzubrechen, sondern in einem anderen Moment wieder aufzunehmen.

Angriff

Das gegenteilige Muster ist der Angriff. Personen, die sich schnell herausgefordert oder missverstanden fühlen, gehen in die Offensive. Sie erhöhen die Lautstärke, verwenden provokante Sprache oder stellen das Gegenüber bloß. Häufig greifen sie auch auf Ironie, Sarkasmus oder gezielte Provokation zurück, um Unsicherheit zu überspielen oder sich in einer überlegenen Position zu präsentieren. Auch dieses Verhalten ist oft ein Ausdruck innerer Unsicherheit, die durch Kontrolle kompensiert werden soll. Wer angreift, will sich schützen. Der Angriff wird zur Strategie, um nicht verletzt zu werden. Oft liegt dem Verhalten ein tief verankerter Glaubenssatz zugrunde, dass man sich nur behaupten kann, wenn man die Oberhand behält. Besonders bei Menschen, die in ihrer Geschichte erfahren haben, dass Schwäche gefährlich ist oder, dass nur der oder die Stärkere ernst genommen wird, ist diese Reaktion verständlich, wenn auch nicht hilfreich. Sie haben gelernt, dass Angriff die beste Verteidigung ist und greifen daher reflexhaft zu dieser Strategie, selbst in Situationen, in denen eigentlich ein ruhiger Austausch möglich wäre.

Die Folge ist häufig eine Eskalation, da sich das Gegenüber wiederum verteidigen muss oder in den Gegenangriff übergeht. Die Kommunikationsatmosphäre wird schnell angespannt, verletzend und destruktiv. Gespräche drehen sich nicht mehr um die Sache, sondern entwickeln sich zu einem Kampf um Deutungshoheit und Dominanz. Solche Dynamiken können eine Eigendynamik entfalten, bei der nicht mehr der Inhalt des Konflikts im Mittelpunkt steht, sondern das Bedürfnis, Recht zu behalten oder sich durchzusetzen. Häufig wird der eigentliche Ursprung des Konflikts dabei völlig aus dem Blick verloren.

Um solche Muster zu unterbrechen, braucht es oft ein hohes Maß an Selbstreflexion, ein Bewusstsein für eigene Triggerpunkte und die Fähigkeit, Emotionen zu regulieren, bevor sie die Kommunikation bestimmen. Menschen, die zu Angriffsmustern neigen, profitieren besonders von der Möglichkeit, sich in geschützten Räumen mit ihrer Angst vor Verletzlichkeit auseinanderzusetzen. Wenn es gelingt, die eigene Wut als Hinweis auf ein darunterliegendes Bedürfnis zu verstehen, entsteht eine neue

Qualität von Selbstverantwortung. Ein erster Schritt kann sein, nicht sofort auf Provokationen zu reagieren oder bewusst eine Pause einzubauen, bevor man spricht. Auch das Erlernen von Ich-Botschaften kann helfen, um die Kommunikation zu entemotionalisieren und dennoch klar zu bleiben. Ziel ist es, statt in Konfrontation zu gehen, eine Einladung zum Dialog zu formulieren. Diese Haltung zeigt keine Schwäche, sondern echte innere Stärke.

Beschwichtigen

Ein weiteres verbreitetes Muster ist das Beschwichtigen. Menschen, die stark auf Harmonie bedacht sind, versuchen in konflikthaften Situationen, den Frieden um jeden Preis zu wahren. Sie relativieren, verharmlosen oder nehmen Schuld auf sich, um die Spannung zu reduzieren. Oft handelt es sich um Personen, die schon früh gelernt haben, dass die eigenen Bedürfnisse hintangestellt werden müssen, damit Beziehung bestehen bleibt. Dieses Verhalten ist häufig tief verankert und wird mit dem Wunsch verknüpft, geliebt, akzeptiert oder zumindest nicht abgelehnt zu werden. Beschwichtigen kann sich in übertriebener Freundlichkeit, schneller Zustimmung oder der ständigen Suche nach Kompromissen äußern, auch wenn diese dem eigenen Empfinden widersprechen.

Auch wenn dieses Muster zunächst sympathisch erscheint, birgt es erhebliche Risiken: Wer ständig beschwichtigt, übergeht nicht nur die eigenen Grenzen, sondern untergräbt auch langfristig die Qualität der Beziehung. Denn wenn Konflikte nicht ehrlich angesprochen und bearbeitet werden, stauen sich Frustration, Groll und Ohnmacht auf. Die eigenen Gefühle und Bedürfnisse bleiben unberücksichtigt, was auf Dauer zu innerer Erschöpfung oder sogar zu psychosomatischen Beschwerden führen kann. Zudem signalisiert das Verhalten dem Gegenüber, dass eigene Positionen oder Verletzungen keine Rolle spielen. Dadurch entsteht oft ein Ungleichgewicht in der Beziehung, das sich auch auf andere Lebensbereiche überträgt.

Langfristig kann das Beschwichtigen dazu führen, dass die eigene Stimme im Kontakt mit anderen verloren geht. Entscheidungen werden nicht mehr selbst getroffen, sondern orientieren sich ausschließlich am Wunsch, es allen recht zu machen. In Teams oder Organisationen führt dies oft dazu, dass wichtige Rückmeldungen ausbleiben, Probleme nicht benannt werden und sich hinter der Fassade von Harmonie eine tiefe Unzufriedenheit ausbreitet. Die Entwicklung einer authentischen, konfliktfähigen Persönlichkeit wird so behindert. Um aus diesem Muster auszusteigen, braucht es Mut, Klarheit über die eigenen Werte und das Vertrauen, dass Beziehung auch dann bestehen bleibt, wenn unterschiedliche Meinungen offen ausgetragen werden.

Rationalisieren

Dann gibt es Menschen, die sich in konflikthaften Situationen auf rationale Argumentation zurückziehen. Sie versuchen, durch Logik, Fakten und Sachlichkeit die emotionale Ebene auszublenden. Dieses Verhalten kann dann hilfreich sein, wenn es darum geht, einen kühlen Kopf zu bewahren, etwa in komplexen oder angespannten Situationen, in denen ein sachlicher Fokus Struktur und Sicherheit bietet. Besonders in beruflichen Kontexten kann dieses Verhalten als professionell oder lösungsorientiert wahrgenommen werden. Gleichzeitig besteht jedoch die Gefahr, dass Emotionen unterdrückt oder ignoriert werden, was die Beziehungsebene belastet. Menschen, die stark auf Sachlichkeit setzen, geraten häufig in die Situation, dass sie als unbeteiligt oder distanziert erscheinen, selbst wenn sie innerlich bewegt oder betroffen sind. Wenn das Gegenüber auf emotionale Resonanz angewiesen ist, kann dieser Stil als kalt, abweisend oder sogar überheblich wahrgenommen werden. Es entsteht ein Ungleichgewicht: Während die eine Person auf Klärung durch emotionale Nähe hofft, setzt die andere auf Abstand und Objektivität. Dies kann dazu führen, dass der Konflikt sich verschärft, weil beide Seiten das Gefühl haben, nicht verstanden zu werden. Um das Muster des Rückzugs in die Rationalität bewusst zu nutzen, braucht es daher die Fähigkeit, sachliche Klarheit mit emotionaler Offenheit zu verbinden. Wer Gefühle benennen kann, ohne sie ausagieren zu müssen, und gleichzeitig konstruktiv mit Fakten umgeht, schafft eine Kommunikationsform, die sowohl verbindlich als auch respektvoll ist.

Allianzbildung

Ein weiteres typisches Muster ist die Allianzbildung. Wer sich in einem Konflikt nicht sicher fühlt, sucht sich Verbündete. Es entstehen Grüppchen, Gespräche über Dritte und indirekte Austragungsformen. Dieses Verhalten ist besonders in Organisationen und Teams zu beobachten, wo offene Konfrontation vermieden werden soll. Indem man andere ins Vertrauen zieht, sucht man Rückhalt, Verständnis und emotionale Unterstützung. Die eigene Sichtweise wird gespiegelt, man fühlt sich weniger allein mit dem Konflikt. Kurzfristig kann dies das Selbstwertgefühl stärken und Orientierung bieten. Langfristig jedoch hat dieses Verhalten erhebliche Nebenwirkungen: Es stabilisiert das eigene Selbstbild nur auf Kosten von Klarheit und Vertrauen im Gesamtsystem. Gespräche über Dritte statt mit Dritten führen zu einem Klima des Misstrauens. Beteiligte werden verunsichert, Informationen verzerren sich und Fronten verhärten. Es entsteht das Gefühl, dass Konflikte nicht offen ausgetragen werden dürfen, was letztlich die Konfliktkultur nachhaltig beschädigt. Allianzbildung ist häufig ein Zeichen für fehlende Konfliktfähigkeit im System: Statt ein Gespräch direkt zu führen, werden Umwege gewählt. Deshalb ist es wichtig, Menschen zu ermutigen, Konflikte dort anzusprechen, wo sie entstehen, und in einem sicheren Rahmen neue Dialogformen zu erproben, die Zugehörigkeit nicht durch Abgrenzung definieren, sondern durch ehrliche Begegnung.

Vermeiden

Schließlich gibt es auch das Muster des Vermeidens. Menschen mit diesem Muster tun alles, um gar nicht erst in eine konfliktträchtige Situation zu geraten. Sie stimmen allem zu, geben vor, keine Meinung zu haben oder weichen Gesprächen aus. Dieses Verhalten kann aus Angst vor Ablehnung, aus erlernter Hilflosigkeit oder aus der Erfahrung entstehen, dass sich Widerspruch nicht lohnt. Oft steckt dahinter die Vorstellung, dass Konflikte gefährlich sind oder dass man ohnehin nichts bewirken kann. Diese Haltung führt dazu, dass Unstimmigkeiten nicht benannt, sondern unterdrückt werden. In manchen Fällen wird das Vermeidungsverhalten so stark, dass selbst alltägliche Spannungen umgangen werden, etwa durch Floskeln, Themenwechsel oder körperliche Abwesenheit. Vermeidung führt allerdings selten zur Lösung. Vielmehr gärt der Konflikt unter der Oberfläche weiter, bis er sich in anderer Form entlädt. Die angestauten Emotionen suchen sich früher oder später ein Ventil, sei es in passiver Aggression, ironischen Bemerkungen, plötzlichen Rückzügen oder unerwarteten Ausbrüchen. Zudem entstehen für das Gegenüber Unsicherheit und Frustration, weil die Kommunikation nicht greifbar und nicht verlässlich erscheint. In sozialen Systemen, etwa in Familien oder Teams, führt dies zu einer Atmosphäre der Vorsicht, in der vieles unausgesprochen bleibt. Konfliktvermeidung mag kurzfristig Frieden schaffen, verhindert aber langfristig Entwicklung. Erst wenn das Unausgesprochene Raum bekommt, kann wahre Klärung entstehen. Deshalb ist es hilfreich, Vermeidung als Muster zu erkennen und Schritt für Schritt neue Formen der Auseinandersetzung zu üben. Dies sollte in einem Tempo und Rahmen geschehen, der Sicherheit bietet, ohne der Wahrheit auszuweichen.

All diese Muster sind nicht per se falsch oder schlecht. Sie sind Ausdruck individueller Bewältigungsstrategien und oft tief in der Biografie verankert. Das Problem entsteht dann, wenn diese Muster unreflektiert oder automatisiert ablaufen, ohne Rücksicht auf die jeweilige Situation oder das Gegenüber. Wer sich seiner eigenen Muster bewusst ist, gewinnt Handlungsspielraum. Denn nur, wer erkennt, wie er oder sie gewöhnlich reagiert, kann sich entscheiden, ob dieses Verhalten in der aktuellen Situation sinnvoll ist, oder ob es einer bewussten Veränderung bedarf.

In der Arbeit mit Menschen, insbesondere in beratenden, pädagogischen oder leitenden Funktionen, ist die Kenntnis typischer Verhaltensmuster von zentraler Bedeutung. Sie hilft dabei, Verhalten besser zu verstehen, ohne es vorschnell zu bewerten. Gleichzeitig eröffnet sie die Möglichkeit, durch gezielte Interventionen neue Handlungsmöglichkeiten zu eröffnen. Das kann durch Spiegelung, durch offene Fragen oder durch das Anbieten alternativer Reaktionsweisen geschehen. Wichtig ist, dabei stets respektvoll zu bleiben. Denn hinter jedem Muster steht ein Mensch mit einer Geschichte.

Methoden & Impulse zur Bearbeitung:

- Rollenspiele: Übe mit einer Gruppe typische Konfliktsituationen und lasse verschiedene Verhaltensmuster bewusst darstellen. In der anschließenden Reflexion geht es darum, Wirkung und Alternativen zu besprechen.
- Selbstbeobachtung: Teilnehmer:innen führen über eine Woche ein Konflikt-Tagebuch und notieren, wie sie in unterschiedlichen Situationen reagiert haben. Ziel ist die Bewusstwerdung eigener Muster.
- Biografiearbeit: In Einzel- oder Gruppenarbeit reflektieren die Teilnehmenden, woher ihre Reaktionsmuster stammen. Was wurde früher belohnt, was sanktioniert? Welche Rolle hatten sie in ihrer Herkunftsfamilie?
- Perspektivwechsel: Jede:r Teilnehmende versetzt sich in das Gegenüber und reflektiert, wie das eigene Muster auf andere wirken könnte. Dies fördert Empathie und Verständnis.

Reflexionsfragen:

- Welches Verhaltensmuster erkenne ich bei mir am häufigsten, wenn es zu Spannungen kommt?
- Wie habe ich gelernt, auf Konflikte zu reagieren?
- Wann hilft mir mein Muster und wann hindert es mich?
- Wie kann ich alternative Verhaltensweisen erproben, ohne meine Authentizität zu verlieren?
- Welche Muster begegnen mir bei anderen besonders häufig und wie reagiere ich darauf?

Typische Verhaltensmuster in Konflikten sind erlernte Reaktionen auf erlebte Bedrohung, Unsicherheit oder emotionale Überforderung. Sie helfen kurzfristig, können jedoch langfristig die Lösung erschweren. Wer sich selbst gut kennt und reflektiert, gewinnt Freiheit in der Wahl der Reaktion. Bewusste Auseinandersetzung mit den eigenen Mustern eröffnet neue Wege, Konflikte menschlich, respektvoll und wirksam zu gestalten.

Emotionale Muster in Konflikten

Konflikte bringen nicht nur unterschiedliche Sichtweisen oder Interessen zum Vorschein, sondern auch tiefe emotionale Reaktionen. In ihnen spiegeln sich persönliche Verletzbarkeiten, innere Konflikte und über Jahre gelernte Reaktionsmuster wider. Wer sich mit typischen Verhaltensmustern in Konflikten beschäftigt, erkennt schnell, dass hinter dem beobachtbaren Verhalten häufig intensive Gefühle stehen. Diese Emotionen wirken wie unsichtbare Motoren, die unsere Reaktionen antreiben, unsere Wahrnehmung filtern und unsere Gesprächsbereitschaft beeinflussen. Während sachliche Auseinandersetzungen oft noch klar strukturiert wirken, werden emotionale Spannungen schnell diffus, intensiv und schwer greifbar. Die Emotionen, die in Konflikten auftauchen, sind dabei nicht zufällig. Sie folgen bestimmten inneren Mustern und sind Ausdruck individueller Lebenserfahrungen. Zu den häufigsten emotionalen Mustern zählen Wut, Angst, Kränkung und Ohnmacht. Jede dieser Emotionen hat ihre eigene Dynamik, ihre spezifische Ausdrucksform und ihre eigene Wirkung auf die Interaktion.

Wut

Wut ist eine kraftvolle, oft impulsive Emotion. Sie signalisiert eine Grenzverletzung oder ein tiefes Bedürfnis, das nicht gesehen oder erfüllt wurde. Wut kann befreiend sein, wenn sie in einer klaren, respektvollen Sprache Ausdruck findet. Sie zeigt: Hier ist etwas wichtig, hier geht es um mich. Gleichzeitig kann Wut aber auch zerstörerisch wirken, wenn sie sich in Angriff, Zynismus oder Kontrolle entlädt. Viele Menschen haben ambivalente Erfahrungen mit ihrer eigenen Wut gemacht. Manche unterdrücken sie, weil sie gelernt haben, dass Wut unerwünscht oder gefährlich ist. Andere leben sie ungefiltert aus und verlieren dabei den Kontakt zum Gegenüber. Es gibt auch jene, die ihre Wut gar nicht als solche wahrnehmen, sondern sie in stillem Groll oder in scheinbarer Sachlichkeit verstecken. Die Herausforderung liegt darin, Wut nicht zu unterdrücken oder auszuleben, sondern sie als Signal zu verstehen und in konstruktive Bahnen zu lenken.

Wut ist oft eine sekundäre Emotion. Das bedeutet, dass sie sich über andere, subtilere Gefühle legt. Hinter Wut können sich Trauer, Scham, Angst oder Enttäuschung verbergen. Wenn jemand laut wird, sich empört oder impulsiv handelt, lohnt es sich, genauer hinzusehen: Was steckt unter der Oberfläche? Nicht selten verbirgt sich hinter dem lauten Ausbruch ein Gefühl der Hilflosigkeit oder das Bedürfnis nach Schutz. Wenn Wut hingegen dauerhaft unterdrückt wird, verliert der Mensch den Zugang zu seinem inneren Kompass. Die Fähigkeit, eigene Grenzen zu spüren und zu vertreten, geht verloren. Daraus entstehen langfristig Erschöpfung, Rückzug oder psychosomatische Symptome.

In Konfliktsituationen ist Wut oft der emotionale Motor, der Bewegung in ein festgefahrenes System bringt. Sie ist eine Energiequelle, die, wenn sie bewusst genutzt wird, Klarheit schaffen kann. Wut zeigt, dass etwas nicht stimmt; dass Veränderung nötig ist. Sie kann motivieren, Dinge anzusprechen, die lange geschwiegen wurden. Sie fordert auf, Haltung zu zeigen. Gleichzeitig ist sie ein Risiko, wenn sie unkontrolliert ausagiert oder instrumentalisiert wird. Deswegen ist es entscheidend, Wut zu regulieren, bevor sie eskaliert. Atemtechniken, Selbstwahrnehmung und eine bewusste Unterbrechung der Reiz-Reaktions-Kette können dabei helfen. Auch der bewusste Einsatz von Sprache spielt eine Rolle. Statt zu explodieren, kann ich sagen: „Ich merke, dass ich wütend bin. Ich brauche einen Moment, um das zu sortieren."

Wer lernt, mit seiner Wut umzugehen, entwickelt emotionale Reife. Er oder sie übernimmt Verantwortung für das eigene Erleben und öffnet zugleich einen Raum für authentische Kommunikation. Die Frage „Was macht mich so wütend?" führt tiefer als die Suche nach Schuldigen. Sie öffnet den Blick auf persönliche Werte, unerfüllte Bedürfnisse und alte Verletzungen. Wut als Botschafterin zu begreifen bedeutet, ihr einen Platz zu geben, ohne sich von ihr beherrschen zu lassen. Das ist ein Balanceakt, aber einer, der sich lohnt. Denn wo Wut konstruktiv gelebt wird, entsteht Klarheit, Veränderungsenergie und oftmals eine neue Qualität von Beziehung.

Angst

Angst ist in Konflikten oft nicht auf den ersten Blick sichtbar. Sie zeigt sich in Rückzug, in Vermeidung, in vorsichtigem Verhalten oder in übermäßiger Anpassung. Sie wirkt subtil, aber tiefgreifend. Angst entsteht, wenn etwas auf dem Spiel steht, sei es Anerkennung, Zugehörigkeit, Sicherheit oder Selbstbild. Besonders in hierarchischen Kontexten oder in Beziehungen mit einem Ungleichgewicht an Macht ist Angst ein häufiger Begleiter. Sie verhindert Offenheit, schwächt das Vertrauen und erzeugt Unsicherheit. Angst kann lähmen oder zu übermäßiger Kontrolle führen. Sie engt den Handlungsspielraum ein und verunsichert das Gegenüber. Menschen, die in Konflikten Angst empfinden, brauchen vor allem Sicherheit. Das bedeutet: klare Strukturen, verlässliche Gesprächsrahmen und die Zusicherung, dass ihre Stimme gehört wird. Nur wer sich sicher fühlt, kann sich zeigen.

Angst hat viele Gesichter. Sie kann als Nervosität, Unsicherheit, Scham oder Verlegenheit in Erscheinung treten. Sie ist oft die versteckte Emotion hinter scheinbarer Zurückhaltung oder übertriebener Angepasstheit. Viele Menschen haben früh gelernt, dass offene Konfrontation riskant ist. Vielleicht weil sie in der Vergangenheit negative Erfahrungen gemacht haben, sei es in der Familie, in der Schule oder im Arbeitskontext. Diese Erfahrungen prägen unser inneres Bild davon, wie bedrohlich Konflikte sein können. Angst wird dann zum inneren Antreiber, der sagt: „Pass auf, halte dich zurück, provoziere nicht." Sie führt dazu, dass Menschen sich kleiner machen, als sie sind, oder ganz aus dem Austausch aussteigen.

Gleichzeitig ist Angst ein wichtiger Hinweisgeber. Sie zeigt, dass ein Bedürfnis bedroht ist, dass etwas auf dem Spiel steht. Wer sich mit seiner Angst auseinandersetzt, kann herausfinden, was genau so verunsichernd ist. Ist es die Angst, verlassen zu werden? Die Angst, nicht ernst genommen zu werden? Oder die Angst vor dem Verlust von Kontrolle? Solche Fragen helfen, die Angst zu entschlüsseln und ihren Ursprung zu verstehen. Denn erst, wenn wir die Angst als Teil unserer inneren Realität anerkennen, können wir einen neuen Umgang mit ihr finden.

In Gruppen oder Teams kann Angst ansteckend wirken. Wenn niemand wagt, sich zu äußern, wenn Schweigen zur Norm wird, breitet sich ein Klima der Vorsicht aus. Emotionale Offenheit wird ersetzt durch diplomatische Floskeln, durch Rückzug oder durch stille Loyalität. Ein solches Klima ist konflikthemmend, aber nicht konfliktlösend. Umso wichtiger ist es, Räume zu schaffen, in denen Angst ausgesprochen werden darf, ohne gleich bewertet oder analysiert zu werden. Allein das Aussprechen, zum Beispiel in der Formulierung „Ich habe Angst, dass...", kann entlastend wirken. Es bricht das Schweigen und öffnet die Tür zu echter Begegnung. Ein wohlwollendes Gegenüber, das zuhört und nicht gleich urteilt, kann in solchen Momenten heilsam sein.

Letztlich ist Angst eine zutiefst menschliche Reaktion. Sie ist kein Zeichen von Schwäche, sondern ein Ausdruck von Verletzlichkeit. Wer lernt, mit seiner Angst umzugehen, entwickelt Mut, nicht im Sinne der Abwesenheit von Angst, sondern als Fähigkeit, sich trotz der Angst zu zeigen. Das ist der Schlüssel zu echter Konfliktfähigkeit. Es geht nicht um die perfekte Argumentation, sondern um die Bereitschaft, sich mit dem zu zeigen, was innen spürbar ist. So wird Angst nicht zum Hindernis, sondern zum Zugang zu einer tieferen Verständigung.

Kränkung

Kränkung ist eine der intensivsten und am tiefsten wirkenden Emotionen im Kontext von Konflikten. Sie berührt nicht nur die Oberfläche, sondern trifft direkt das Selbstwertgefühl. Kränkung entsteht, wenn sich ein Mensch in seinem innersten Wesen abgelehnt, entwertet oder übergangen fühlt. Das kann durch Worte geschehen, durch Gesten, durch den Tonfall oder durch das Ausbleiben von Anerkennung und Wertschätzung. Kränkung hat eine tiefe Wirkung, weil sie an unserer Identität rührt. Sie lässt uns zweifeln, ob wir willkommen, gesehen oder respektiert werden. Besonders sensibel reagieren Menschen auf Kränkungen, wenn ähnliche Erfahrungen bereits früher gemacht wurden, in der Kindheit, in Liebesbeziehungen oder in beruflichen Kontexten. In solchen Fällen aktiviert die aktuelle Situation alte Wunden und verstärkt die emotionale Reaktion.

Kränkung kann unterschiedlich verarbeitet werden. Manche Menschen ziehen sich zurück, verstummen oder brechen den Kontakt ab. Andere reagieren mit Gegenangriff, Sarkasmus oder Abwertung. Wieder andere kapseln sich innerlich ab, weil sie das Gefühl haben, ohnehin nichts mehr sagen oder tun zu können. All diese Reaktionsweisen sind Schutzstrategien, mit denen versucht wird, den Schmerz zu regulieren. Das Problem dabei: Kränkungen verschwinden nicht von allein. Wenn sie nicht angesprochen, reflektiert und bearbeitet werden, wirken sie unterschwellig weiter. Sie vergiften Beziehungen, blockieren den Dialog und verhindern eine echte Klärung.

Ein bewusster Umgang mit Kränkung beginnt mit dem Erkennen der eigenen Verletztheit. Das ist nicht einfach, denn Kränkung wird oft von Scham begleitet. Die Scham darüber, getroffen worden zu sein, lässt viele Menschen schweigen oder ihre Gefühle herunterspielen. Doch wer den Mut findet, seine Kränkung auszusprechen, eröffnet die Möglichkeit zur Heilung. Das bedeutet nicht, sofort eine Lösung zu erwarten. Es reicht, gehört zu werden, in der eigenen Empfindung ernst genommen zu werden. Die Fähigkeit, Ich-Botschaften zu formulieren, ist dabei hilfreich: „Ich habe mich verletzt gefühlt, als..." oder „Ich habe das so erlebt, dass..." Diese Formulierungen laden zum Gespräch ein, ohne Vorwürfe zu machen.

Auch auf der anderen Seite braucht es Bereitschaft zur Reflexion. Wer eine Kränkung ausgelöst hat, sei es bewusst oder unbewusst, kann lernen, Verantwortung zu übernehmen, ohne sich schuldig zu fühlen. Es geht nicht um Recht oder Unrecht, sondern um Beziehung. Es geht darum, zuzuhören, nachzufragen und vielleicht auch zu bedauern, wenn das eigene Verhalten Schmerz ausgelöst hat. Diese Art der Begegnung stärkt nicht nur die Beziehung, sondern auch die emotionale Reife beider Seiten.

Der Umgang mit Kränkung erfordert große Achtsamkeit. Es geht darum, die eigene Verletztheit anzuerkennen, ohne sich in Schuldzuweisungen zu verlieren. Wer die Kraft findet, Kränkungen auszusprechen, kann Beziehungen klären, eigene Grenzen schützen und innerlich wachsen.

Gleichzeitig ist es wichtig, sich zu fragen: Was hat mich so tief getroffen? Warum berührt mich gerade diese Situation so stark? Welche inneren Themen sind davon betroffen? Auf diese Weise wird Kränkung zu einem Impuls für Selbsterkenntnis und Beziehungsentwicklung.

Ohnmacht

Ohnmacht ist eine Emotion, die in vielen Konflikten mitschwingt, aber selten offen benannt wird. Sie entsteht, wenn Menschen das Gefühl haben, keinen Einfluss mehr zu haben. Wenn Worte nicht gehört, Bedürfnisse nicht beachtet oder Handlungen nicht anerkannt werden. Ohnmacht ist oft eine stille, aber äußerst belastende Erfahrung. Sie hinterlässt das Gefühl, ausgeliefert zu sein, handlungsunfähig oder bedeutungslos. Diese Emotion kann lähmen, das Selbstbild erschüttern und über längere Zeit zu einem Zustand innerer Leere führen. Wer sich ohnmächtig fühlt, zieht sich häufig zurück, resigniert oder beginnt, an sich selbst zu zweifeln. Es ist eine Form der inneren Kapitulation, die wenig sichtbar, aber tief wirksam ist.

In organisationalen Kontexten erleben Mitarbeitende Ohnmacht oft, wenn Entscheidungen über ihre Köpfe hinweg getroffen werden, wenn sie in Prozesse nicht eingebunden sind oder wenn ihre Anliegen systematisch übergangen werden. Auch unklare Verantwortlichkeiten, mangelndes Feedback oder ein autoritärer Führungsstil können dieses Gefühl verstärken. Die Folge ist häufig ein Rückgang von Engagement, Motivation und Kreativität. Menschen, die sich ohnmächtig fühlen, identifizieren sich weniger mit ihrer Aufgabe, ziehen sich emotional zurück und bringen sich weniger ein. Die Qualität der Zusammenarbeit leidet ebenso wie das Betriebsklima. Ohnmacht kann aber auch in engen persönlichen Beziehungen entstehen, etwa wenn sich jemand dauerhaft nicht gesehen oder gehört fühlt. Wenn eigene Bitten ignoriert werden, wenn man sich ständig rechtfertigen muss oder wenn das Gefühl entsteht, nichts bewirken zu können, entsteht ein Zustand emotionaler Erschöpfung.

Ohnmacht ist eng verbunden mit dem Verlust von Selbstwirksamkeit. Menschen, die sich ohnmächtig fühlen, verlieren den Glauben daran, etwas verändern zu können. Weder bei sich noch in der Beziehung zum Gegenüber scheint Veränderung möglich. Häufig führt das zu einem Teufelskreis: Je stärker die Ohnmacht empfunden wird, desto weniger wird kommuniziert, desto weniger wird Einfluss genommen, und desto größer wird das Gefühl der Machtlosigkeit. Aus diesem Kreislauf auszubrechen, erfordert zunächst ein Bewusstwerden. Es braucht die Fähigkeit, Ohnmacht als solche zu benennen und nicht in Scham oder Schuldgefühlen zu versinken. Aussagen wie „Ich fühle mich hilflos" oder „Ich habe den Eindruck, dass ich nicht gehört werde" sind erste Schritte auf dem Weg zur Klärung.

Der Weg aus der Ohnmacht beginnt mit kleinen, bewussten Handlungen. Die Rückgewinnung von Selbstwirksamkeit bedeutet nicht, sofort große Veränderungen herbeizuführen. Vielmehr geht es darum, wieder Einfluss auf das eigene Erleben zu gewinnen. Dazu gehören das klare Mitteilen eigener Bedürfnisse, das Setzen von Grenzen, das Einholen von Unterstützung und das bewusste Wahrnehmen dessen, was man selbst beeinflussen kann. Schon das Aufschreiben eigener Gedanken, das Gespräch mit einem Menschen des Vertrauens oder das bewusste Entscheiden, für einen bestimmten Punkt einzustehen, können einen Unterschied machen. Ohnmacht lässt sich nicht immer verhindern, aber sie lässt sich in Selbstverantwortung verwandeln, Schritt für Schritt.

Emotionalität in Konflikten ist kein Problem, sondern ein Hinweis. Emotionen zeigen, wo es uns wichtig ist, wo wir berührt, verunsichert oder verletzt sind. Sie sind eine Einladung, genauer hinzusehen, sowohl bei sich selbst als auch beim Gegenüber. Der konstruktive Umgang mit Emotionen beginnt mit dem Wahrnehmen und dem bewussten Benennen. Wer in der Lage ist zu sagen: „Ich bin wütend, weil...", „Ich habe Angst, dass..." oder „Ich fühle mich verletzt, weil...", schafft Raum für Verständigung. Das ist kein Zeichen von Schwäche. Es ist vielmehr Ausdruck von innerer Klarheit und Reife.

Methoden & Impulse zur Bearbeitung:

- Emotionstagebuch: Teilnehmer:innen halten über eine Woche fest, welche Emotionen in Konfliktsituationen bei ihnen auftauchen. Was war der Auslöser? Wie wurde reagiert?
- Emotionskarten: In Gruppenarbeit werden typische emotionale Reaktionen auf Karten gesammelt. Jede:r wählt eine Karte, die eine wiederkehrende Emotion in Konflikten beschreibt, und erzählt dazu eine Erfahrung.
- Körperwahrnehmungsübung: Wie fühlt sich Wut im Körper an? Wie Angst? Die Teilnehmenden lernen, körperliche Signale als Hinweise auf emotionale Zustände zu deuten.
- Dialogarbeit: Zwei Personen teilen sich mit, welche Emotionen sie in einem konkreten Konflikt empfunden haben. Die anderen beobachten nur, wie sich die Atmosphäre verändert, wenn Emotionen ausgesprochen werden.

Reflexionsfragen:

- Welche Emotion tritt bei mir in Konflikten am häufigsten auf?
- Wie habe ich gelernt, mit dieser Emotion umzugehen?
- Welche körperlichen Signale nehme ich wahr, wenn ich emotional reagiere?
- Was hilft mir, meine Emotionen wahrzunehmen, ohne sie zu unterdrücken oder auszuleben?
- Wie reagiere ich auf emotionale Ausbrüche bei anderen? Mit Offenheit, Rückzug oder Abwehr?

Emotionale Muster in Konflikten sind Wegweiser zu unseren inneren Themen. Wut, Angst, Kränkung und Ohnmacht zeigen an, wo wir uns betroffen fühlen und was uns wirklich wichtig ist. Wer lernt, Emotionen bewusst wahrzunehmen, zu benennen und in den Dialog zu bringen, schafft neue Möglichkeiten der Verständigung. Nicht das Ausblenden von Gefühlen führt zur Lösung, sondern der mutige, reflektierte Umgang mit ihnen. So entstehen Verbindung, Klarheit und echte Entwicklung, im Inneren wie im Miteinander.

Kulturelle Prägung und persönliche Biografie als Einflussfaktoren

Dass Konflikte niemals rein sachliche Auseinandersetzungen sind, ist uns inzwischen bewusst. Sie sind auch eingebettet in persönliche Lebensgeschichten und kulturelle Kontexte, die unser Denken, Fühlen und Handeln formen. Jede Person bringt in eine Konfliktsituation nicht nur ihre aktuellen Gedanken und Emotionen ein, sondern auch einen biografischen Hintergrund, der über Jahre hinweg geprägt wurde. Diese inneren Prägungen beeinflussen, wie wir auf bestimmte Auslöser reagieren, welche Gesprächsdynamiken wir als bedrohlich erleben oder welche Kommunikationsstile wir bevorzugen. Dabei spielen sowohl individuelle Erfahrungen als auch gesellschaftliche Rahmenbedingungen eine entscheidende Rolle. Unsere inneren Haltungen, Werte und Glaubenssätze sind keine rein privaten Konstrukte, sondern sie sind in einem sozialen und kulturellen Lernprozess entstanden. Wer Konflikte wirklich verstehen will, muss daher über die sichtbare Oberfläche hinausblicken und sich fragen: Welche Spuren hinterlassen Erziehung, Herkunft, Geschlechterrolle, Religion, soziale Zugehörigkeit oder kulturelle Werte in meinem Konfliktverhalten? Wie beeinflusst mein inneres Bild von „richtiger" Kommunikation, von Autorität oder Nähe das, was ich von anderen erwarte oder ihnen unterstelle?

Unsere Biografie beginnt mit unseren ersten zwischenmenschlichen Erfahrungen. Wie wurde in der Herkunftsfamilie mit Konflikten umgegangen? Wurde gestritten? Geschwiegen? Wurde laut diskutiert oder leise gelitten? Solche früh erlebten Dynamiken prägen unser inneres Konfliktskript. Sie wirken wie eine Art innerer Kompass, der unbewusst bestimmt, wie wir auf Kritik reagieren, wie wir Nähe und Distanz regulieren oder wie wir mit Schuld und Verantwortung umgehen. Sie formen unsere ersten inneren Modelle davon, was in Beziehungen erlaubt ist und was nicht, was gesagt werden darf und was besser unausgesprochen bleibt. Manche Menschen lernen früh, dass Konflikte gefährlich sind, weil sie zu Trennungen führen. Andere erleben, dass Konflikte laut, verletzend und dauerhaft sein können, und entwickeln eine Scheu vor Konfrontation. Wer als Kind gelernt hat, dass Konflikte gefährlich oder beschämend sind, wird auch als Erwachsene:r eher vermeidendes Verhalten zeigen. Vielleicht entstehen innere Sätze wie: „Wenn ich widerspreche, verliere ich die Zuneigung der anderen" oder „Lieber schweigen, bevor es eskaliert". Diese Glaubenssätze wirken lange nach und beeinflussen das Verhalten oft stärker als bewusste Entscheidungen.

Umgekehrt erleben manche Menschen schon früh, dass Auseinandersetzungen zur Klärung beitragen können. In solchen Fällen wurden Konflikte nicht unterdrückt, sondern moderiert. Es wurde gestritten, aber auch versöhnt. Gefühle durften benannt und Differenzen ausgehalten werden. Wer mit dieser Erfahrung aufwächst, entwickelt in der Regel eine größere Gelassenheit im Umgang mit Spannungen. Konflikte werden nicht als Bedrohung erlebt, sondern als Teil eines lebendigen Miteinanders. Die Grundhaltung lautet dann: „Wir können uns reiben, und trotzdem verbunden bleiben." Das Vertrauen in die Beziehungsfähigkeit bleibt auch in schwierigen Situationen erhalten. Solche biografischen Prägungen stärken das Selbstwertgefühl, fördern Selbstwirksamkeit und ermöglichen es, sich auch in emotional aufgeladenen Momenten authentisch und klar auszudrücken.

Neben der Familie prägt auch das soziale Umfeld unsere Konfliktkultur. Schule, Freundeskreise, Vereine und spätere Berufs- oder Ausbildungsstätten vermitteln nicht nur Wissen, sondern auch soziale Spielregeln. In vielen Systemen gelten implizite Normen: Man darf nicht widersprechen, man muss sich durchsetzen, man darf keine Schwäche zeigen. Diese Regeln werden meist nicht ausdrücklich benannt, sondern durch Vorbilder, Gruppendruck oder subtile Hinweise vermittelt. Oft werden sie durch Belohnung oder Sanktion aufrechterhalten. Zustimmung gibt es, wenn man sich anpasst, Ablehnung oder Ausgrenzung, wenn man aus der Reihe tanzt. Solche unausgesprochenen Regeln können dazu führen, dass Menschen in Konfliktsituationen Rollen einnehmen, die ihnen gar nicht entsprechen. Manche verhalten sich aggressiver, als sie sich eigentlich fühlen, andere übergehen eigene Bedürfnisse, um zu gefallen oder nicht negativ aufzufallen. Besonders in stark leistungsorientierten oder hierarchischen Umfeldern entstehen Rollenmuster, die den authentischen Ausdruck erschweren. Wer sich seiner Prägungen bewusst wird, kann jedoch beginnen, alte Muster zu hinterfragen und neue Verhaltensweisen aus-zuprobieren. Dieser Prozess braucht Zeit, Reflexion und häufig auch Ermutigung durch andere. Doch gerade in diesem bewussten Erproben neuer Handlungsmöglichkeiten liegt das Potenzial für persönliche Entwicklung und eine differenzierte, selbstverantwortete Konfliktkultur.

Auch die kulturelle Herkunft spielt eine zentrale Rolle. Kulturen unterscheiden sich darin, wie sie mit Hierarchie, Ehre, Scham, Individualität oder Kollektivität umgehen. Diese Werte bestimmen nicht nur das öffentliche Leben, sondern auch das Verhalten im privaten und beruflichen Alltag. In manchen Kulturen ist es üblich, Konflikte offen und direkt auszutragen, selbst wenn dabei Emotionen deutlich zum Ausdruck kommen. Hier wird Klarheit geschätzt, und die direkte Konfrontation gilt als Zeichen von Ehrlichkeit und Respekt. In anderen Kulturen hingegen wird eher auf indirekte Kommunikation und den Erhalt der sozialen Harmonie geachtet. Dort ist es wichtiger, das Gesicht zu wahren, Beziehungen zu schützen und Konfrontationen zu vermeiden, selbst wenn dies bedeutet, nicht alles offen auszusprechen.

Diese Unterschiede können in interkulturellen Begegnungen schnell zu Missverständnissen führen. Was als höflich gemeint ist, kann als ausweichend empfunden werden. Was als klar und deutlich formuliert wurde, kann als unhöflich oder übergriffig gelten. Besonders in Teams oder Organisationen mit internationaler Zusammensetzung ist es daher entscheidend, diese kulturellen Feinheiten zu kennen und zu beachten. Ohne dieses Wissen kommt es schnell zu vorschnellen Urteilen oder falschen Zuschreibungen: Eine zurückhaltende Haltung wird als Desinteresse gewertet, ein direkter Ton als Aggression. Die Fähigkeit zur kulturellen Sensibilität hilft dabei, solche Unterschiede nicht zu bewerten, sondern als Ausdruck unterschiedlicher sozialer Lernprozesse zu begreifen. Sie eröffnet die Möglichkeit, mit mehr Neugier und weniger Urteil in interkulturelle Dialoge zu gehen und bewusst Übersetzungsarbeit zwischen den Welten zu leisten sprachlich wie emotional.

Auch Genderrollen und gesellschaftliche Zuschreibungen beeinflussen das Konfliktverhalten. Menschen, die in einem Umfeld aufgewachsen sind, in dem von Frauen emotionale Zurückhaltung und Anpassung erwartet wurde, zeigen in Konflikten oft andere Muster als Männer, die zum Durchhalten und zur Härte erzogen wurden. Diese Zuschreibungen wirken häufig subtil und werden selten explizit formuliert. Mädchen wird früh vermittelt, dass Fürsorge, Rücksichtnahme und Harmonie zentrale Werte sind, während Jungen eher Stärke, Durchsetzungsvermögen und Unabhängigkeit als Ideal vermittelt bekommen. Diese Unterschiede sind keine naturgegebenen Eigenschaften, sondern das Ergebnis von Sozialisationsprozessen, die sich durch Medien, Schule, Familienstrukturen und gesellschaftliche Narrative ziehen. In Konfliktsituationen kann das dazu führen, dass Frauen ihre eigenen Bedürfnisse zurückstellen, um Beziehungen zu bewahren, während Männer eher zur Konfrontation neigen, um sich zu behaupten. Solche Rollenbilder engen beide Geschlechter ein und machen es schwer, authentisch und situativ angemessen zu reagieren. Wenn diese Muster jedoch bewusst gemacht und hinterfragt werden, entsteht Raum für individuelle Entwicklung und für die Entfaltung eines authentischen Konfliktverhaltens. Menschen gewinnen mehr Freiheit darin, neue Wege zu erproben, unabhängig von gesellschaftlichen Erwartungen. Sie können lernen, empathisch und gleichzeitig klar zu kommunizieren, Verantwortung zu übernehmen, ohne sich selbst zu verlieren, und Beziehungen zu gestalten, die auf Gleichwertigkeit und gegenseitigem Respekt beruhen.

Nicht zuletzt sind auch gesellschaftliche Erfahrungen wie Migration, Diskriminierung, politische Unsicherheit oder strukturelle Ungleichheit prägende Faktoren. Wer gelernt hat, dass seine Stimme nicht zählt oder dass bestimmte Gruppen systematisch benachteiligt werden, entwickelt andere Strategien im Umgang mit Konflikten. Manchmal ist es ein vorsichtiger Rückzug, manchmal eine kämpferische Haltung. Diese Reaktionsweisen sind nicht nur individuell, sondern auch kollektiv geprägt. Deshalb ist es wichtig, in der Konfliktbearbeitung auch die gesellschaftliche Dimension mit zu berücksichtigen.

Die Auseinandersetzung mit biografischen und kulturellen Einflussfaktoren ist keine rein theoretische Übung. Sie ist ein Schlüssel zu tieferem Verständnis, sowohl für sich selbst als auch für andere. Denn nur wer die eigenen inneren Landkarten kennt, kann erkennen, wie stark diese unsere Wahrnehmung, unsere Bewertungen und letztlich unser Handeln in Konflikten beeinflussen. Wenn wir die Wurzeln unserer Reaktionsmuster verstehen, können wir bewusster entscheiden, wann wir diesen Mustern folgen und wann wir neue Wege beschreiten wollen. Gleichzeitig entsteht ein erweitertes Verständnis für die Handlungen und Reaktionen unseres Gegenübers. Wer bereit ist, die eigenen Prägungen zu reflektieren, entwickelt nicht nur Selbstbewusstsein, sondern auch Mitgefühl. Denn zu erkennen, dass auch andere nicht nur aus dem Moment heraus handeln, sondern getragen sind von Erfahrungen, Verletzungen und kulturellen Zuschreibungen, schafft die Grundlage für echtes Zuhören und eine respektvolle, dialogische Haltung. Und wer die Prägungen anderer respektiert, kann neue Wege der Verständigung eröffnen, die jenseits von schnellen Urteilen, Missverständnissen oder Dominanzmustern liegen.

Methoden & Impulse zur Bearbeitung:

- Biografische Landkarte: Die Teilnehmer:innen zeichnen Stationen ihrer persönlichen Entwicklung und markieren prägende Konflikterfahrungen. Was haben sie daraus gelernt?
- Konfliktmuster reflektieren: In Gruppenarbeit wird diskutiert, wie in der Herkunftsfamilie mit Konflikten umgegangen wurde. Welche Muster zeigen sich heute noch?
- Kulturvergleich: In interkulturellen Gruppen werden typische Konfliktmuster und Kommunikationsstile verschiedener Kulturen gesammelt und gemeinsam reflektiert.
- Rollentausch: In einem Rollenspiel wird bewusst ein Rollenbild aus der eigenen Biografie oder Kultur eingenommen und dann hinterfragt. Wie fühlt sich das an?
- Perspektivwechsel: Jede:r Teilnehmende beschreibt eine Konfliktsituation aus Sicht der eigenen kulturellen oder biografischen Prägung. Anschließend erfolgt ein Austausch in der Gruppe.

Reflexionsfragen:

- Welche Konflikterfahrungen aus meiner Kindheit oder Jugend prägen mich noch heute?
- Wie wurde in meinem Umfeld mit Kritik, Schuld oder Emotionen umgegangen?
- Welche kulturellen Werte beeinflussen mein Verhalten in Konflikten?
- Welche Rollenerwartungen habe ich übernommen, und welche möchte ich hinterfragen?
- Wie kann ich mehr Bewusstsein für die Prägungen anderer entwickeln?

Unsere persönliche Biografie und die kulturelle Herkunft formen unser Konfliktverhalten oft stärker, als wir es wahrhaben. Wer sich diesen Einflüssen stellt, gewinnt Klarheit über sich selbst und entwickelt ein tieferes Verständnis für andere. Biografiearbeit und interkulturelle Sensibilität sind deshalb unverzichtbare Elemente jeder fundierten Konfliktbearbeitung. Wut, Angst, Kränkung und Ohnmacht zeigen an, wo wir uns betroffen fühlen und was uns wirklich wichtig ist. Wer lernt, Emotionen bewusst wahrzunehmen, zu benennen und in den Dialog zu bringen, schafft neue Möglichkeiten der Verständigung. Nicht das Ausblenden von Gefühlen führt zur Lösung, sondern der mutige, reflektierte Umgang mit ihnen. So entstehen Verbindung, Klarheit und echte Entwicklung, im Inneren wie im Miteinander.

Über die Haltung in der Konfliktbearbeitung

Konfliktbearbeitung ist eine Kunst, die sowohl innere Haltung als auch methodisches Wissen erfordert. Sie verlangt nicht nur die Kenntnis von Werkzeugen und Gesprächstechniken, sondern insbesondere ein tiefes Verständnis für menschliche Beziehungen, emotionale Dynamiken und systemische Zusammenhänge. Wer Konflikte wirksam begleiten oder lösen möchte, muss sich nicht nur mit verschiedenen Techniken vertraut machen, sondern vor allem eine bestimmte innere Haltung kultivieren. Diese Haltung wirkt wie ein innerer Kompass, der in herausfordernden Situationen Orientierung bietet. Sie schützt davor, vorschnell zu urteilen, Partei zu ergreifen oder Lösungen aufzudrängen. Stattdessen lädt sie dazu ein, Raum zu geben für das, was entstehen möchte.

Diese Haltung basiert auf Offenheit, Empathie und Struktur. Sie bilden die drei Grundpfeiler einer professionellen, menschlich tragfähigen und lösungsorientierten Konfliktbearbeitung. Offenheit ist die Voraussetzung dafür, dass sich Menschen mitteilen können, ohne sich verteidigen zu müssen. Empathie ermöglicht es, auch hinter verletzendem Verhalten die darunterliegenden Bedürfnisse zu erkennen. Und Struktur schafft den notwendigen Rahmen, um Orientierung, Sicherheit und Verlässlichkeit zu vermitteln. Zusammen sorgen diese drei Elemente dafür, dass sich Menschen gesehen, verstanden und gehalten fühlen, auch wenn sie sich gerade in schwierigen oder eskalierten Situationen befinden. Erst wenn dieses Fundament gelegt ist, können Methoden ihre volle Wirkung entfalten.

Offenheit

Offenheit bedeutet, innerlich bereit zu sein, die Perspektive des Gegenübers wahrzunehmen, ohne sofort zu bewerten oder zu reagieren. Offenheit schafft Raum. Raum für das, was gesagt werden möchte. Raum für Emotionen, für Unsicherheiten und für das, was bisher vielleicht noch nicht ausgesprochen wurde. Es ist eine Einladung an die andere Person, sich mit allem zeigen zu dürfen, auch mit den widersprüchlichen, verletzlichen oder unangenehmen Anteilen. Offenheit wirkt entlastend, weil sie dem Gegenüber das Signal sendet: Du darfst hier sein, so wie du bist. In der Konfliktbearbeitung ist Offenheit nicht nur ein Wunsch, sondern eine Haltung, die aktiv eingeübt werden muss. Sie beginnt mit einer inneren Bereitschaft, nicht alles sofort einordnen zu müssen. Offenheit heißt, auszuhalten, dass ich vielleicht noch nicht alles verstehe. Sie heißt auch, dem Prozess zu vertrauen, dass sich in der Begegnung etwas entwickeln darf, das am Anfang noch nicht sichtbar ist.

Diese Haltung erfordert Mut. Denn offen zu sein bedeutet, sich selbst berührbar zu machen. Es bedeutet, sich auch den eigenen Unsicherheiten, Vorurteilen oder Unklarheiten zu stellen. Offenheit heißt nicht Beliebigkeit, sondern bewusste Entscheidung, das Gegenüber nicht sofort durch die eigene Brille zu betrachten. Sie setzt voraus, dass ich meine eigenen Deutungen, Urteile und Vorannahmen immer wieder hinterfrage. Es braucht die Fähigkeit, innezuhalten, bevor ich antworte. Die Bereitschaft, zuzuhören, ohne innerlich schon die nächste Entgegnung zu formulieren. Offenheit ist ein inneres Anhalten, ein Wachwerden für das, was im Moment geschieht. Sie verlangt, dass ich mich auf mein Gegenüber einlasse, auch wenn ich anderer Meinung bin. Das bedeutet nicht, sich selbst aufzugeben, sondern die Bereitschaft mitzubringen, in einen echten Dialog zu treten. Einen Dialog, in dem es nicht um Rechthaben geht, sondern um Verstehen. Menschen spüren sehr genau, ob sie wirklich gehört werden oder ob ihnen nur formell zugehört wird. Es ist ein feiner Unterschied, der jedoch weitreichende Auswirkungen hat. Dort, wo Offenheit gelebt wird, kann Vertrauen wachsen. Es entsteht ein Raum, in dem nicht nur gesprochen, sondern auch gehört wird. Ein Raum, in dem sich auch schwierige Themen entfalten dürfen, weil sie nicht sofort abgewehrt werden. Offenheit ist der Nährboden für authentische Begegnung und die Voraussetzung für echte Verständigung in Konfliktsituationen.

Empathie

Empathie ist die zweite tragende Säule wirksamer Konfliktbearbeitung. Sie geht über Mitgefühl hinaus. Empathie heißt nicht, mit jemandem zu leiden oder alles gutzuheißen, sondern sich aufrichtig in die Welt des anderen Menschen hineinzuversetzen. Es bedeutet, seine Worte mit den inneren Ohren zu hören, seine Gestik mit dem inneren Herzen zu sehen. In der Konfliktarbeit braucht es die Fähigkeit, zwischen den Zeilen zu lesen, unausgesprochene Emotionen zu spüren und sich immer wieder zu fragen: Was könnte mein Gegenüber wirklich bewegen? Welche Ängste, Hoffnungen oder Verletzungen könnten hinter dem stehen, was gerade gesagt oder auch verschwiegen wird? Empathie heißt, hinter das Verhalten zu schauen, ohne es sofort zu korrigieren oder zu bewerten. Das allein schafft oft schon Erleichterung. Denn wer sich verstanden fühlt, wird bereit, sich zu öffnen.

Empathie verlangt eine bewusste Entscheidung, den anderen Menschen nicht nur als Konfliktpartner:in, sondern als fühlendes Wesen wahrzunehmen. Es geht darum, sich nicht von der Oberfläche eines Gesprächs blenden zu lassen, sondern aufmerksam auf Zwischentöne, Körpersprache und innere Bewegtheit zu achten. Empathie bedeutet, präsent zu bleiben, auch wenn das Gesagte unangenehm ist, und sich nicht von der eigenen Abwehr oder Reaktanz leiten zu lassen. Sie ist keine Technik, die man anwenden kann, sondern eine Haltung, die auf echtem Interesse basiert. Diese Haltung wächst aus der Bereitschaft, sich für die Welt des anderen zu öffnen, ohne dabei die eigene Identität zu verlieren. Es ist ein tiefes Ja zum Menschsein in seiner ganzen Ambivalenz.

In Konfliktsituationen ist Empathie oft der Schlüssel zur Deeskalation. Wenn sich Menschen gesehen und emotional verstanden fühlen, sinkt der innere Druck, sich verteidigen oder rechtfertigen zu müssen. Sie erleben einen Moment von Sicherheit inmitten der Unsicherheit. Dadurch wird es möglich, bisher Verdecktes auszusprechen, den Blick zu weiten und sich selbst wie das Gegenüber differenzierter wahrzunehmen. Empathie bringt Licht in die Grauzonen des Konflikts und macht Nuancen sichtbar, die sonst leicht übersehen würden. Es ist eine Art inneres Mitschwingen, das dem Dialog Tiefe verleiht.

Diese Fähigkeit setzt Selbstkenntnis voraus. Wer empathisch handeln will, muss die eigenen Emotionen kennen, regulieren und einordnen können. Es braucht die Bereitschaft, sich mit der eigenen Verletzlichkeit auseinanderzusetzen, um nicht im Schmerz des anderen verloren zu gehen.

Grenzen zu wahren ist dabei ebenso wichtig wie Offenheit zuzulassen. Empathie ist somit ein Balanceakt zwischen Nähe und Distanz, zwischen Mitgefühl und Abgrenzung, zwischen Zuhören und Selbstfürsorge. Nur wer sich selbst Halt geben kann, ist in der Lage, anderen diesen Halt auch zu vermitteln.

Struktur

Struktur schließlich ist das Gerüst, das Orientierung gibt. In einer aufgewühlten Situation braucht es einen klaren Rahmen, um nicht in die emotionale Unübersichtlichkeit zu kippen. Struktur bedeutet, einen Prozess zu gestalten, der Halt gibt, der die Gesprächsführung in der Hand behält, ohne sie zu dominieren. Sie schafft Sicherheit durch Klarheit: Wer weiß, was wann geschieht, kann sich eher einlassen, auch wenn das Thema schwierig ist. Struktur bedeutet, Orientierung zu geben, ohne starr zu wirken. Sie gibt den Beteiligten Halt, indem sie einen nachvollziehbaren Ablauf, transparente Ziele und eine klare Rollenverteilung bietet. Diese Orientierung entlastet, besonders dann, wenn Emotionen hochkochen oder wenn die Beteiligten sich überfordert fühlen.

Es geht darum, Schritt für Schritt vorzugehen, Zwischenräume zu schaffen, Klärungsetappen einzuführen und auch dann Ruhe zu bewahren, wenn die Dynamik ins Rutschen gerät. Struktur zeigt sich in der Wahl des Gesprächsorts, in der Vereinbarung von Gesprächsregeln, in der Zeitstrukturierung oder in der Methodenauswahl. Sie ist der unsichtbare rote Faden, der den Prozess zusammenhält und gleichzeitig genug Spielraum lässt für das, was im Moment auftaucht. Struktur ist nicht starre Regel, sondern flexibler Rahmen. Sie ist kein Korsett, sondern ein sicherer Boden, auf dem sich Begegnung entfalten kann. Sie schützt vor Überforderung, sowohl für die Konfliktbeteiligten als auch für die begleitende Person. Sie schafft eine Verlässlichkeit, die es erlaubt, auch schwierige Inhalte zu besprechen, ohne sich im Chaos zu verlieren.

Wer Struktur bietet, vermittelt Sicherheit. Und Sicherheit ist die Voraussetzung für Offenheit und Empathie. Menschen öffnen sich dort, wo sie sich sicher fühlen. In einem strukturierten Rahmen wird deutlich, dass jemand den Prozess hält, dass es ein Ziel gibt, dass niemand sich verloren fühlen muss. Diese Art von Führung ist nicht kontrollierend, sondern dienend. Sie stellt sich in den Dienst der Verständigung, indem sie für Klarheit sorgt und gleichzeitig Beweglichkeit zulässt. Gute Struktur lebt von innerer Haltung, nicht von äußeren Formalien. Sie orientiert sich an den Bedürfnissen der Beteiligten, am Verlauf des Prozesses und an dem, was die Situation gerade verlangt. Sie gibt dem Gespräch eine Form, in der sich auch die Inhalte entwickeln können. So wird Struktur zum unsichtbaren Rückgrat jeder gelungenen Konfliktbearbeitung.

Haltung, nicht Technik

Diese drei Grundlagen sind keine Techniken, sondern Haltungen. Sie lassen sich nicht einfach aufsetzen wie eine Maske, sondern müssen von innen heraus wachsen. Sie entwickeln sich durch Selbsterfahrung, Reflexion und die Bereitschaft, sich immer wieder selbst zu hinterfragen. Wer Konflikte begleiten will, muss sich selbst gut kennen. Nur wer in der Lage ist, die eigenen Reaktionsmuster, Triggerpunkte und Grenzen wahrzunehmen, kann auch anderen helfen, ihre eigenen Muster zu erkennen. Konfliktbearbeitung beginnt daher immer mit der eigenen inneren Arbeit. Sie verlangt nicht Perfektion, aber Präsenz. Nicht Allwissenheit, aber Bereitschaft. Nicht Kontrolle, sondern Beziehung.

Methoden & Impulse zur Bearbeitung:

- Haltungstagebuch: Die Teilnehmer:innen führen über eine Woche ein Tagebuch, in dem sie Situationen festhalten, in denen sie bewusst Offenheit, Empathie oder Struktur geübt haben. Was ist gelungen, was war herausfordernd?
- Perspektivwechsel: In Kleingruppen schlüpfen die Teilnehmenden in unterschiedliche Rollen (zum Beispiel konflikthafte Kolleg:in, Mediator:in, stille Beobachter:in) und reflektieren im Anschluss, wie sich die Haltung jeweils verändert hat.
- Dialog-Übung: Zwei Personen führen ein Gespräch über ein strittiges Thema. Eine Person achtet besonders auf Empathie, die andere auf Struktur. Anschließend wird gewechselt.

- Symbolarbeit: Die drei Grundhaltungen werden mit Symbolen dargestellt. Jede:r wählt ein Symbol für Offenheit, eines für Empathie und eines für Struktur und erklärt die Wahl. Daraus entsteht ein Gruppengespräch über persönliche Bedeutungen und Haltungen.
- Geführte Selbstreflexion: In einem moderierten Rahmen reflektieren die Teilnehmer:innen über eigene Erfahrungen mit Konflikten. Welche Haltung war damals spürbar? Welche hätte hilfreich sein können?

Reflexionsfragen:

- Wann war ich zuletzt wirklich offen für die Sichtweise eines anderen Menschen?
- Wie gelingt es mir, in schwierigen Gesprächen empathisch zu bleiben?
- In welchen Situationen hilft mir Struktur, um handlungsfähig zu bleiben?
- Welche dieser drei Haltungen fällt mir am leichtesten, welche am schwersten?
- Wie kann ich diese Haltungen im Alltag konkret üben?

Wirksame Konfliktbearbeitung beginnt nicht mit Methoden, sondern mit Haltung. Offenheit, Empathie und Struktur bilden das tragende Fundament für jedes klärende Gespräch. Wer sich mit diesen Haltungen vertraut macht und sie bewusst kultiviert, schafft Räume für echte Begegnung, gegenseitiges Verstehen und tragfähige Lösungen. Diese Grundlagen sind keine Werkzeuge im klassischen Sinn, sondern Ausdruck einer inneren Reife, die Beziehung vor Technik stellt, und damit den Weg ebnet für nachhaltige Verständigung.

Methodische Zugänge: Systemisch, gewaltfrei, mediativ

Wer Konflikte professionell begleiten möchte, stößt unweigerlich auf verschiedene methodische Ansätze, die unterschiedliche Sichtweisen, Haltungen und Vorgehensweisen anbieten. Dabei geht es nicht darum, sich für eine einzige Methode zu entscheiden, sondern vielmehr darum, die dahinterliegenden Prinzipien zu verstehen und situativ angemessen einzusetzen. Drei der zentralen Zugänge in der professionellen Konfliktbearbeitung sind der systemische, der gewaltfreie und der meditative Zugang. Jeder dieser Ansätze bringt eine besondere Perspektive mit, die unser Verständnis von Konflikten erweitert und konkrete Werkzeuge an die Hand gibt, um konstruktiv mit Spannungen umzugehen. Gemeinsam ist ihnen, dass sie nicht auf die schnelle Lösung zielen, sondern auf eine vertiefte Auseinandersetzung mit den Beziehungen, Bedürfnissen und Strukturen, die hinter einem Konflikt liegen. Sie richten den Blick nicht nur auf das Offensichtliche, sondern laden dazu ein, tiefer zu schauen: Welche unsichtbaren Dynamiken prägen das Verhalten der Beteiligten? Welche unausgesprochenen Erwartungen oder Verletzungen stehen zwischen den Zeilen? Welche Muster wiederholen sich möglicherweise immer wieder? Diese Fragen zu stellen, ist ein erster Schritt auf dem Weg zu echter Klärung. Darüber hinaus bieten diese Zugänge eine gemeinsame Grundlage für Haltung und Handlung. Sie fördern Achtsamkeit und Selbstreflexion und ermutigen dazu, nicht nur die Handlungsebene, sondern auch die darunterliegenden Emotionen und Motive zu betrachten. In einer Zeit, in der Kommunikation zunehmend komplex und vielfältig geworden ist, helfen sie dabei, sich nicht im Detail zu verlieren, sondern das Wesentliche zu erkennen: die Beziehung zwischen den Menschen. Denn genau dort, wo Begegnung möglich wird, entsteht auch Lösung.

Systemischer Zugang

Der systemische Zugang betrachtet Konflikte nicht als isoliertes Geschehen zwischen zwei oder mehreren Personen, sondern als Ausdruck eines größeren Zusammenhangs. Im Zentrum steht die Idee, dass jedes Verhalten in einem sozialen System Sinn ergibt, wenn man es im Kontext der Beziehungsdynamiken und Kommunikationsmuster betrachtet. Konflikte werden hier nicht als Störung, sondern als Hinweis auf eine notwendige Veränderung verstanden. Systemische Konfliktarbeit fragt danach, wie bestimmte Muster entstanden sind, welche Funktionen sie im System erfüllen und was sich verändern müsste, damit das System in eine neue Balance findet.

In diesem Ansatz steht das Prinzip der Mehrperspektivität im Vordergrund. Alle Beteiligten haben ihre eigene Wirklichkeitskonstruktion, die nicht als falsch oder richtig eingeordnet wird, sondern als Ausdruck ihrer jeweiligen Rolle und Beziehungserfahrung. Die Kunst der systemischen Konfliktarbeit besteht darin, diese Sichtweisen nebeneinander stehen zu lassen und daraus neue Perspektiven zu ermöglichen. Dabei wird mit sogenannten zirkulären Fragen gearbeitet. Diese Fragen haben nicht das Ziel, eine konkrete Antwort zu erhalten, sondern sie öffnen neue Denk- und Sichtweisen. Ein Beispiel wäre: „Was glauben Sie, wie die andere Person Ihr Verhalten interpretiert?" oder „Was würde jemand sagen, der das Geschehen von außen beobachtet?" Solche Fragen fördern Empathie, Perspektivwechsel und Selbstreflexion. Sie laden dazu ein, sich selbst und andere neu zu sehen.

Ein zentrales Element der systemischen Herangehensweise ist der Blick auf Muster. Konflikte werden nicht als einmalige, zufällige Eskalationen verstanden, sondern als wiederkehrende Interaktionsformen. Dabei wird analysiert, wer in welchen Momenten wie handelt, welche Reaktionen darauf folgen und welche Funktion dieses Verhalten im Gesamtsystem erfüllt. Häufig zeigt sich, dass auch destruktive Muster einen gewissen Nutzen haben: Sie stabilisieren ein System, auch wenn sie für einzelne Beteiligte schmerzhaft sind. Wenn etwa eine Person immer wieder dominant auftritt, kann das verhindern, dass andere sich zeigen , was wiederum Spannungen vermeidet, aber langfristig den Kontakt erschwert. Solche Dynamiken zu erkennen und zu benennen ist ein wesentlicher Schritt in der systemischen Konfliktarbeit.

Darüber hinaus richtet sich der Fokus auf Ressourcen. Systemisches Arbeiten bedeutet nicht nur Problemanalyse, sondern auch das Entdecken von bereits vorhandenen Kompetenzen, Lösungen und positiven

Ausnahmen. Die Frage „Wann war es anders?" ist dabei besonders wirksam. Sie hilft, Blockaden zu lösen und den Blick weg vom Defizit hin zum Potenzial zu richten. Konfliktparteien werden nicht als Problemträger:innen gesehen, sondern als Expert:innen ihres eigenen Systems. Die Aufgabe der begleitenden Person ist es, einen Raum zu schaffen, in dem diese Expertise wieder zugänglich wird.

Systemisches Arbeiten ist geprägt von einer Haltung des Nichtwissens. Wer moderiert oder begleitet, versteht sich nicht als die Instanz, die die Lösung kennt, sondern als neugierige:r Fragesteller:in. Diese Haltung schafft eine Atmosphäre von Respekt und Augenhöhe. Sie entlastet und ermutigt gleichzeitig. Die Verantwortung bleibt bei den Beteiligten, aber sie werden nicht allein gelassen. Die Rolle der begleitenden Person besteht darin, Impulse zu geben, Dynamiken sichtbar zu machen und Rahmenbedingungen zu gestalten, in denen Veränderung möglich wird.

Gerade in komplexen Systemen, etwa in Teams, Organisationen oder Familien, entfaltet der systemische Ansatz seine besondere Stärke. Er ermöglicht, jenseits von Schuldzuweisungen und Einzelverantwortung die Strukturen zu beleuchten, die ein bestimmtes Verhalten aufrechterhalten. Wer erkennt, dass ein Konflikt nicht auf individueller Böswilligkeit, sondern auf strukturellen Spannungen, verdeckten Loyalitäten oder unausgesprochenen Erwartungen basiert, kann mit mehr Mitgefühl und Klarheit handeln. Die Veränderung beginnt dann nicht nur auf der Verhaltensebene, sondern tief im System. Sie wirkt nachhaltig.

Systemische Konfliktbearbeitung ist deshalb nicht nur Methode, sondern eine Haltung. Eine Haltung, die Beziehung vor Urteil, Fragen vor Antworten und Prozess vor Ergebnis stellt. Eine Haltung, die Vertrauen in die Selbstregulation von Systemen hat und gleichzeitig die Verantwortung des Einzelnen im Blick behält. Wer diese Haltung verinnerlicht, schafft Räume, in denen echte Entwicklung möglich wird.

Gewaltfreie Kommunikation

Die gewaltfreie Kommunikation, wie sie von Marshall Rosenberg entwickelt wurde, legt den Fokus auf die Bedürfnisse, die hinter Gefühlen und Handlungen stehen. Sie geht davon aus, dass jeder Mensch das Bedürfnis nach Verbindung, Anerkennung, Autonomie und Sicherheit hat und dass Konflikte entstehen, wenn diese Bedürfnisse nicht gesehen oder erfüllt werden. Der gewaltfreie Zugang lädt dazu ein, in konflikthaften Situationen nicht mit Vorwürfen oder Bewertungen zu reagieren, sondern die eigenen Gefühle und Bedürfnisse ehrlich auszudrücken und gleichzeitig die des Gegenübers empathisch wahrzunehmen. Die Methode folgt vier Schritten: Beobachtung, Gefühl, Bedürfnis und Bitte. Ziel ist es, ein Gesprächsklima zu schaffen, in dem gegenseitiges Verstehen möglich wird. Gewaltfreie Kommunikation ist keine Technik, sondern eine Haltung, die im Alltag eingeübt werden kann und tiefgreifende Veränderungen in der Qualität von Beziehungen bewirken kann.

Der erste Schritt der gewaltfreien Kommunikation, die Beobachtung, fordert dazu auf, zwischen dem, was wirklich geschehen ist, und unserer Interpretation dieser Ereignisse zu unterscheiden. Es geht darum, möglichst neutral zu benennen, was wahrnehmbar ist, ohne bereits zu urteilen oder zu bewerten. Statt „Du bist respektlos" könnte es heißen: „Du hast bei unserem Gespräch auf dein Handy geschaut, während ich gesprochen habe." Diese Differenzierung zwischen Beobachtung und Bewertung schafft eine Grundlage, auf der das Gegenüber sich nicht verteidigen muss, sondern offen bleiben kann.

Der zweite Schritt, das Gefühl, lenkt die Aufmerksamkeit auf die emotionale Reaktion. Es geht darum, die eigenen Gefühle ehrlich und differenziert zu benennen. Viele Menschen haben Schwierigkeiten, ihre Gefühle klar auszudrücken, weil sie gelernt haben, sie zu unterdrücken oder mit Gedanken zu verwechseln. Gewaltfreie Kommunikation fördert den emotionalen Wortschatz und hilft, zwischen Gedanken wie „Ich fühle mich ignoriert" und echten Gefühlen wie „Ich bin traurig" oder „Ich bin enttäuscht" zu unterscheiden.

Im dritten Schritt, dem Bedürfnis, wird die Brücke zwischen Gefühl und innerem Anliegen geschlagen. Gefühle entstehen nicht im luftleeren Raum, sondern sind Hinweise auf erfüllte oder unerfüllte Bedürfnisse. Der Satz „Ich bin enttäuscht, weil mir Verlässlichkeit wichtig ist" macht deutlich, worum es wirklich geht. Bedürfnisse sind universell: Jeder Mensch braucht Nähe, Anerkennung, Schutz, Zugehörigkeit, Freiheit. Wenn wir über Bedürfnisse sprechen, verlassen wir die Ebene des Vorwurfs und betreten den Raum menschlicher Verbindung.

Der vierte Schritt, die Bitte, macht den Dialog konkret. Aus der Klarheit über die eigenen Gefühle und Bedürfnisse ergibt sich eine Handlungsperspektive: „Könntest du in unserem nächsten Gespräch dein Handy ausschalten, während ich spreche?" Die Bitte ist keine Forderung. Sie lässt dem Gegenüber die Wahl und lädt zur Kooperation ein. So entsteht ein Klima der Freiwilligkeit und gegenseitigen Achtung.

Diese vier Schritte wirken nur dann, wenn sie aus einer inneren Haltung heraus gelebt werden. Gewaltfreie Kommunikation ist keine Manipulationstechnik, sondern Ausdruck von Echtheit und innerer Klarheit. Es geht nicht darum, freundlich zu sprechen, während innerlich Groll herrscht, sondern darum, das eigene Erleben in einer Weise auszudrücken, die Verbindung ermöglicht. Diese Haltung verlangt Übung, Selbstreflexion und oft auch den Mut, sich mit der eigenen Verletzlichkeit zu zeigen.

Besonders hilfreich ist dieser Ansatz in eskalierten Situationen, wenn Worte schnell zu Waffen werden. Anstatt zurückzuschlagen oder sich zu entziehen, lädt die gewaltfreie Haltung dazu ein, innezuhalten, durchzuatmen und zu fragen: „Was brauche ich gerade wirklich? Und was könnte mein Gegenüber brauchen?" Diese Fragen öffnen Räume, in denen Begegnung wieder möglich wird. Sie führen aus der Logik von Angriff und Verteidigung heraus und hin zu einem gemeinsamen Erforschen dessen, was im Raum steht.

Auch im beruflichen Kontext kann die gewaltfreie Kommunikation einen wertvollen Beitrag leisten. In Teams, Leitungssituationen oder Kundengesprächen hilft sie, Spannungen frühzeitig zu erkennen,

Missverständnisse zu klären und eine respektvolle Kommunikationskultur zu etablieren. Sie schafft Klarheit, ohne zu verletzen, und ermöglicht Nähe, ohne zu vereinnahmen. Dabei ist sie keineswegs weich oder konfliktscheu, sondern ausgesprochen klar und konsequent.

Die Integration der gewaltfreien Kommunikation in die eigene Konfliktpraxis verlangt Zeit und die Bereitschaft, alte Muster zu hinterfragen. Viele Menschen sind es gewohnt, Konflikte durch Kontrolle, Rückzug oder Aggression zu „lösen". Die gewaltfreie Haltung eröffnet einen anderen Weg. Sie setzt auf Offenheit, Beziehung und die Kraft der ehrlichen Sprache. Und sie zeigt, dass hinter jeder Spannung ein Mensch steht, der sich nach Verbindung sehnt. Diese Perspektive verändert nicht nur das Gespräch, sondern auch die Haltung dem Leben gegenüber.

Mediation

Der mediative Zugang ist darauf ausgerichtet, die Konfliktparteien zu unterstützen, selbstverantwortlich zu tragfähigen Lösungen zu kommen. Mediation ist ein strukturiertes Verfahren, das durch eine neutrale, allparteiliche Person begleitet wird. Im Zentrum steht die Wiederherstellung der Kommunikationsfähigkeit. Dabei geht es nicht nur um die Klärung der Sachthemen, sondern auch um die Bearbeitung der emotionalen Ebene. In der Mediation wird ein sicherer Rahmen geschaffen, in dem alle Beteiligten ihre Sichtweise darstellen können, ohne unterbrochen oder bewertet zu werden. Durch gezielte Fragen, Perspektivwechsel und strukturierte Prozessschritte entsteht Raum für Verständigung. Die Mediator:inhat dabei nicht die Aufgabe, Lösungen vorzugeben, sondern begleitet die Beteiligten auf dem Weg zu einer gemeinsamen Lösung, die für alle tragfähig ist.

Ein zentrales Merkmal der Mediation ist die Freiwilligkeit. Die Beteiligten entscheiden sich bewusst für diesen Weg und bleiben während des gesamten Prozesses eigenverantwortlich. Das bedeutet, dass keine Entscheidungen gegen den Willen einer Partei getroffen werden. Diese Freiwilligkeit schafft Vertrauen und erhöht die Bereitschaft, sich wirklich auf den Prozess einzulassen. Es entsteht eine Atmosphäre, in der die

Beteiligten nicht nur gehört werden, sondern auch Verantwortung für ihre Beiträge übernehmen können.

Die Mediation verläuft in mehreren klar strukturierten Phasen. In der Anfangsphase wird geklärt, worum es geht, wer beteiligt ist und welche Regeln gelten sollen. Die Mediator:in stellt dabei sicher, dass alle Beteiligten ein gemeinsames Verständnis vom Verfahren entwickeln und sich auf einen respektvollen Umgang einigen. In der Themenklärung werden die verschiedenen Sichtweisen gesammelt und voneinander abgegrenzt. Hier wird noch keine Lösung gesucht, sondern zunächst Raum geschaffen für das, was gesagt werden muss. In der nächsten Phase, der Interessenklärung, geht es um die Frage, was hinter den Positionen steht: Welche Bedürfnisse, Werte oder Befürchtungen sind im Spiel? Erst auf dieser Grundlage wird in der Lösungsphase gemeinsam nach Wegen gesucht, die für alle gangbar sind. Abschließend wird eine Vereinbarung getroffen, die den gefundenen Konsens dokumentiert.

Besonders wirksam ist der mediative Ansatz, weil er beides verbindet: Struktur und Beziehung. Die klare Prozessführung gibt Sicherheit und Orientierung, während die wertschätzende Haltung der Mediator:in emotionale Offenheit ermöglicht. In vielen Fällen zeigt sich, dass es nicht die Komplexität der Themen ist, die Verständigung verhindert, sondern die Art und Weise, wie miteinander gesprochen wird. Die Mediation schafft einen Raum, in dem alte Vorwürfe losgelassen und neue Perspektiven entdeckt werden können.

Ein weiterer wichtiger Aspekt der Mediation ist die Allparteilichkeit der begleitenden Person. Anders als ein:e Richter:in trifft die Mediator:in keine Entscheidungen und bewertet keine Inhalte. Sie achtet darauf, dass alle Stimmen gehört werden und unterstützt die Beteiligten dabei, sich gegenseitig zuzuhören. Diese Haltung ermöglicht es, die Machtverhältnisse zwischen den Konfliktparteien auszubalancieren und faire Bedingungen für das Gespräch zu schaffen. Gerade in asymmetrischen Konflikten, etwa zwischen Vorgesetzten und Mitarbeitenden, ist diese Haltung entscheidend.

Mediation kann in ganz unterschiedlichen Kontexten eingesetzt werden: in der Schule, im Betrieb, in der Familie, im Gemeinwesen, in der Politik. Überall dort, wo Menschen miteinander in Beziehung stehen und wo es zu Spannungen kommt, bietet Mediation eine Möglichkeit, diese Spannungen in konstruktive Bahnen zu lenken. Sie ist dabei kein Allheilmittel, aber ein kraftvolles Instrument, um Beziehungen zu klären, Verantwortung zu übernehmen und gemeinsam neue Wege zu finden.

Letztlich ist Mediation mehr als ein Verfahren, sie ist ein Lernfeld für Kommunikation, Verantwortung und Beziehungsgestaltung. Wer einmal erlebt hat, wie sich ein festgefahrener Konflikt durch Zuhören, Verstehen und strukturiertes Arbeiten lösen lässt, nimmt diese Erfahrung auch in andere Lebensbereiche mit. Die mediative Haltung wirkt weit über den konkreten Fall hinaus. Sie fördert einen respektvollen, lösungsorientierten Umgang mit Differenzen und leistet damit einen Beitrag zu einer Kultur des Friedens, sowohl im Kleinen als auch im Großen.

Diese drei methodischen Zugänge sind keine fertigen Rezepte, sondern Einladungen zur Haltung. Sie können sich gegenseitig bereichern und lassen sich in der Praxis sinnvoll miteinander kombinieren. Wer mit einem systemischen Verständnis die Beziehungsmuster analysiert, mit der Haltung der Gewaltfreiheit auf Bedürfnisse hört und in mediativer Weise strukturiert durch den Prozess führt, schafft einen integrativen Rahmen für nachhaltige Konfliktbearbeitung.

Methoden & Impulse zur Bearbeitung:

- Methodenmix erleben: Die Teilnehmer:innen bearbeiten einen Fall einmal systemisch, einmal gewaltfrei, einmal mediativ. Anschließend werden die Erfahrungen reflektiert.
- Rollenspiel mit Perspektivwechsel: Eine Konfliktszene wird aus drei methodischen Blickwinkeln durchgespielt. Wie verändert sich das Gespräch je nach Haltung und Fokus?
- Bedürfnisanalyse: Die Teilnehmer:innen analysieren einen realen oder fiktiven Konflikt auf der Ebene der unerfüllten Bedürfnisse und formulieren empathische Bitten.

- Systemisches Aufstellen: In einer kleinen Gruppe wird ein Beziehungssystem stellvertretend dargestellt, um Dynamiken sichtbar zu machen.
- Mediationsstruktur entwickeln: Eine Fallkonstellation wird genutzt, um die Phasen einer Mediation zu simulieren und die einzelnen Schritte bewusst einzuüben.

Reflexionsfragen:

- Mit welchem der drei Ansätze identifiziere ich mich spontan am meisten und warum?
- In welchen Konflikten könnte ein systemischer Blick hilfreich sein?
- Was fällt mir schwerer: eigene Bedürfnisse auszudrücken oder die der anderen zu erkennen?
- Wie gelingt es mir, in Konflikten neutral zu bleiben und trotzdem empathisch zu sein?
- Wie verbinde ich Haltung und Methode in meiner eigenen Konfliktpraxis?

Systemische, gewaltfreie und mediativen Zugänge zur Konfliktbearbeitung ergänzen einander und eröffnen vielfältige Wege zu Verstehen, Veränderung und Verständigung. Wer sich mit diesen Haltungen und Methoden vertraut macht, erweitert nicht nur sein methodisches Repertoire, sondern gewinnt Tiefe und Präsenz im Umgang mit menschlichen Spannungen. Nicht der richtige Ansatz entscheidet über den Erfolg, sondern die bewusste Wahl eines stimmigen Zugangs im Dienste von Beziehung, Entwicklung und Kooperation.

Einführung des „Konflikt-Werkzeugkoffers"

Ein gut ausgestatteter Konflikt-Werkzeugkoffer ist kein starres Set an Methoden, sondern ein lebendiger Begleiter, der sich im Laufe der Zeit entwickelt, ergänzt und verändert. Er ist Ausdruck einer inneren Haltung: der Bereitschaft, Konflikte nicht zu verdrängen oder zu vermeiden, sondern ihnen mit Klarheit, Struktur und Empathie zu begegnen. Wer einen solchen Werkzeugkoffer bei sich trägt, begegnet Herausforderungen nicht mit Abwehr oder Flucht, sondern mit der Frage: Was davon ist hilfreich? Was unterstützt den nächsten Schritt? Was braucht es in dieser konkreten Situation, um das Miteinander zu klären, zu stärken oder weiterzuentwickeln?

Die Einführung eines Konflikt-Werkzeugkoffers in die eigene Praxis, sei es in der Beratung, im Coaching, in der Teamleitung oder in der pädagogischen Arbeit, beginnt mit einer bewussten Entscheidung: Konflikte werden nicht mehr nur als Störung betrachtet, sondern als Entwicklungschance. Sie werden nicht nur gelöst, sondern verstanden. Und sie werden nicht nur überstanden, sondern gestaltet. Der Werkzeugkoffer ist dabei kein Zauberkasten, sondern ein durchdachtes Repertoire an Herangehensweisen, Impulsen, Fragen, Modellen und inneren Haltungen, die helfen, Spannungen konstruktiv zu begleiten.

Ein zentraler Aspekt beim Aufbau eines solchen Koffers ist die innere Haltung der Person, die ihn nutzt. Werkzeuge entfalten ihre Wirksamkeit erst dann, wenn sie mit Achtsamkeit, Authentizität und Einfühlungsvermögen eingesetzt werden. Ein und dieselbe Methode kann klärend oder verhärtend wirken, je nachdem, wie sie eingebettet ist. Daher ist es wichtig, sich nicht nur mit den Werkzeugen selbst vertraut zu machen, sondern auch mit sich selbst. Was traue ich mir zu? Womit fühle ich mich sicher? Was passt zu meinem Stil, zu meinem Menschenbild, zu meiner Verantwortung?

Ein guter Werkzeugkoffer enthält nicht alles, aber das Wesentliche. Es braucht keine fünfzig Methoden, sondern einen klaren Zugang zu einigen gut erprobten Werkzeugen, die in verschiedenen Phasen und Situationen eines Konflikts eingesetzt werden können. Dazu gehören zum Beispiel Strukturierungshilfen wie das Konfliktdreieck, diagnostische Instrumente wie die Konfliktlandkarte, prozessbegleitende Formate wie die Skalierung, kommunikationsfördernde Ansätze wie zirkuläre Fragen und reflexive Impulse, die helfen, sich selbst und andere besser zu verstehen. Ergänzt wird der Werkzeugkoffer durch konkrete Gesprächstechniken, Haltungsschulungen, Rollenspiele und kreative Methoden wie Visualisierung oder Perspektivwechsel.

Die Einführung des Werkzeugkoffers beginnt am besten mit einer Art Standortbestimmung: Wo stehe ich im Umgang mit Konflikten? Welche Stärken bringe ich mit? Wo sehe ich Entwicklungspotenzial? Was habe ich bisher vermieden oder unterschätzt? Diese Fragen öffnen einen Lernweg, auf dem es nicht darum geht, alles sofort perfekt zu beherrschen, sondern darum, wach, offen und lernbereit zu bleiben. Konfliktkompetenz ist keine feste Fähigkeit, sondern eine Haltung in Bewegung. Der Werkzeugkoffer wächst mit den Erfahrungen, die man sammelt, mit den Rückmeldungen, die man erhält, und mit dem Mut, auch dann präsent zu bleiben, wenn es schwierig wird.

Methoden & Impulse zur Bearbeitung:

- Eigene Werkzeugliste erstellen: Teilnehmer:innen schreiben auf, welche Konflikt-Werkzeuge sie kennen und bereits nutzen. Im Anschluss wird reflektiert, was fehlt oder vertieft werden soll.
- Koffer gestalten: In Gruppen- oder Einzelarbeit wird symbolisch ein Konfliktkoffer gepackt, real mit Karten, Materialien oder auf Papier. Was darf auf keinen Fall fehlen? Warum?
- Erfahrungsrunden: Jede:r erzählt von einem Moment, in dem ein bestimmtes Werkzeug besonders hilfreich war, oder auch nicht. Welche Schlüsse lassen sich daraus ziehen?
- Methoden-Stationen: In einer Art Lernparcours werden verschiedene Werkzeuge vorgestellt, ausprobiert und reflektiert. Jede:r notiert für sich, was in den persönlichen Koffer übernommen wird.

- Kollegiale Fallberatung mit Werkzeugfokus: Ein konkreter Fall wird gemeinsam bearbeitet. Dabei wird bewusst überlegt, welches Werkzeug in welcher Phase sinnvoll wäre.

Reflexionsfragen:

- Welche Werkzeuge nutze ich intuitiv, welche bewusst?
- Wie gehe ich mit Werkzeugen um, die mir nicht liegen oder mit denen ich noch wenig Erfahrung habe?
- Was braucht es, damit ich mich in schwierigen Situationen auf meinen Werkzeugkoffer verlassen kann?
- Wie sorge ich dafür, dass mein Werkzeugkoffer lebendig bleibt und nicht verstaubt?
- Welche Haltung trägt mein Werkzeugkoffer in sich, und wie zeigt sich das in meinem Handeln?

Der Konflikt-Werkzeugkoffer ist mehr als eine Sammlung von Methoden. Er ist Ausdruck einer inneren Haltung, Konflikte als Einladung zur Klärung und Entwicklung zu begreifen. Wer ihn bewusst zusammenstellt, pflegt und einsetzt, wird in schwierigen Situationen handlungsfähig, klar und empathisch. Und schafft damit die Grundlage für eine Kultur, in der Konflikte nicht unterdrückt, sondern verwandelt werden.

Werkzeuge: Konfliktlandkarte

Die Konfliktlandkarte ist ein visuelles und strukturiertes Werkzeug, das in der professionellen Konfliktbearbeitung eingesetzt wird, um komplexe Konfliktdynamiken sichtbar und begreifbar zu machen. Sie hilft dabei, Ordnung in ein oft als chaotisch empfundenes Geschehen zu bringen und schafft einen Überblick über die beteiligten Personen, ihre Beziehungen zueinander, die Themen des Konflikts und die zugrunde liegenden Emotionen und Bedürfnisse. Die Konfliktlandkarte funktioniert wie eine gezeichnete Landschaft des Konfliktgeschehens: Sie zeigt, wer mit wem in welcher Verbindung steht, wo Spannungen bestehen, welche Allianzen oder Fronten existieren und welche offenen oder verdeckten Konfliktlinien das System durchziehen. Durch das bildhafte Darstellen entsteht nicht nur ein klareres Verständnis für die aktuelle Situation, sondern auch die Möglichkeit, neue Sichtweisen und Handlungsoptionen zu entdecken.

Besonders hilfreich ist die Konfliktlandkarte in Teams, Gruppen oder Organisationen, in denen mehrere Personen oder Parteien betroffen sind. Sie kann sowohl von außenstehenden Begleiter:innen wie auch von den Beteiligten selbst erstellt werden. Wichtig ist dabei die dialogische Haltung, mit der sie entsteht: Nicht als Diagnoseinstrument von oben herab, sondern als Einladung zur gemeinsamen Klärung. Die visuelle Form regt das Nachdenken an, ermöglicht Distanz zum Geschehen und unterstützt dabei, die Dynamik nicht nur zu beschreiben, sondern auch zu begreifen. Wer sich selbst auf der Landkarte wiederfindet, kann die eigene Rolle besser reflektieren und die Perspektive der anderen nachvollziehen. Die Erstellung einer Konfliktlandkarte beginnt in der Regel mit dem Sammeln relevanter Informationen: Wer ist beteiligt? Welche Rollen spielen die einzelnen Personen? Welche Themen oder Spannungsfelder stehen im Raum? Welche Beziehungsmuster lassen sich erkennen? Aus diesen Informationen wird dann Schritt für Schritt ein Bild entwickelt, das nicht statisch ist, sondern sich im Prozess weiterentwickelt. Mit Hilfe von Symbolen, Farben, Pfeilen oder Markierungen können die Beziehungen, Spannungen, Kommunikationslinien und Konfliktfelder anschaulich dargestellt werden. Dabei geht es nicht um künstlerische Perfektion, sondern um Klarheit und Verständlichkeit. Die Beteiligten sollen sich wiederfinden und erkennen, welche Kräfte auf sie einwirken.

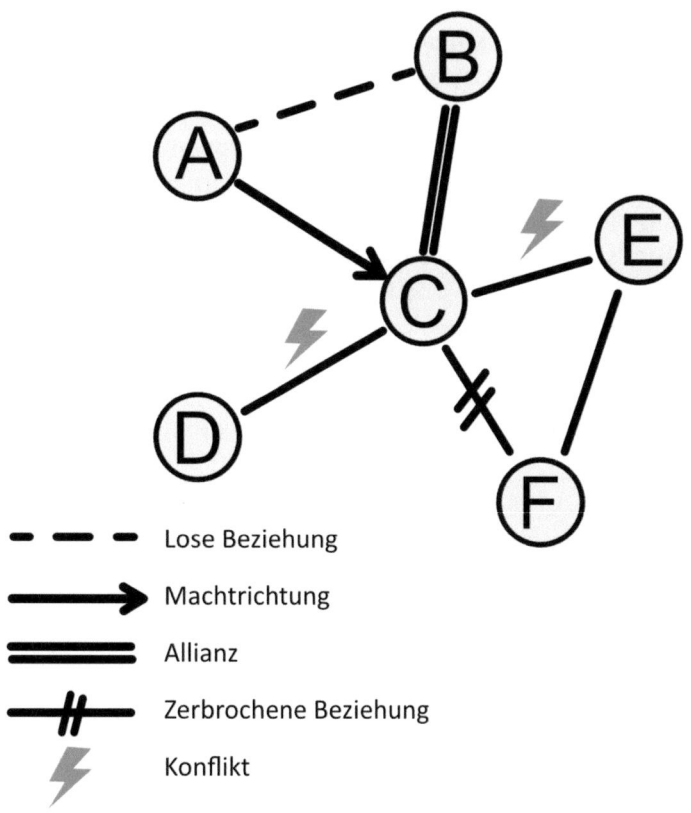

- - - - Lose Beziehung

⟶ Machtrichtung

═══ Allianz

⧢ Zerbrochene Beziehung

⚡ Konflikt

Durch die Arbeit mit der Konfliktlandkarte wird oft deutlich, dass Konflikte selten zwischen einzelnen Personen allein entstehen, sondern dass sie Teil eines größeren Geflechts sind. Es zeigt sich, wie beispielsweise strukturelle Ungleichgewichte, unausgesprochene Erwartungen oder fehlende Kommunikation zu Eskalationen führen. Gleichzeitig wird sichtbar, wo Ressourcen liegen: Wer hat eine vermittelnde Rolle? Wer kann Brücken bauen? Wo bestehen bereits funktionierende Kommunikationswege? All das kann genutzt werden, um erste Ansätze zur Klärung zu entwickeln.

Ein weiterer Nutzen der Konfliktlandkarte liegt in ihrer Funktion als gemeinsames Reflexionsinstrument. Sie kann in Workshops oder moderierten Gesprächen verwendet werden, um gemeinsam auf die entstandene Situation zu schauen, Fragen zu klären, Deutungen zu hinterfragen und neue Verständigungsmöglichkeiten zu eröffnen. Durch die Sichtbarmachung entsteht ein Raum, in dem Komplexität geordnet, Verstrickungen erkannt und Veränderungsimpulse formuliert werden können. Besonders wirksam ist es, wenn die Karte gemeinsam mit den Beteiligten erstellt oder weiterentwickelt wird. Dann wird sie nicht nur zum Werkzeug der Analyse, sondern auch zu einem Ausdruck von Partizipation und Verantwortungsübernahme.

Die Konfliktlandkarte eignet sich auch gut für die Selbsterforschung. Wer als Einzelperson in einem Konflikt steht, kann mit Hilfe einer einfachen Skizze die eigenen Beziehungen, Spannungen und inneren Konflikte sichtbar machen. Schon das Zeichnen kann klärend wirken und dazu beitragen, sich der eigenen Haltung, der Erwartungen und der möglichen Einflussmöglichkeiten bewusst zu werden. Gerade in beratenden oder therapeutischen Kontexten kann die Arbeit mit inneren Landkarten ein Türöffner für tiefere Reflexion sein.

Die Stärke der Konfliktlandkarte liegt in ihrer Einfachheit und Vielseitigkeit. Sie zwingt dazu, innezuhalten, Ordnung zu schaffen und Komplexität in eine erfassbare Form zu bringen. Sie ermöglicht es, sich von automatisierten Denkmustern zu lösen und neue Wege zu sehen. Sie unterstützt dabei, emotional aufgeladene Situationen in eine beobachtbare und bearbeitbare Struktur zu übersetzen. Und sie bietet die Chance, nicht nur über den Konflikt zu sprechen, sondern ihn gemeinsam sichtbar zu machen, als Grundlage für Verständigung, Veränderung und Entwicklung.

Methoden & Impulse zur Bearbeitung:

- Gruppenarbeit: Teilnehmer:innen erstellen in Kleingruppen Konfliktlandkarten zu einer Fallgeschichte oder zu eigenen Erfahrungen. Anschließend werden die Karten reflektiert und besprochen.
- Symbolarbeit: Die Landkarte wird mit Symbolen (z. B. Figuren, Steine, Farben) auf dem Boden oder Tisch gelegt. Dadurch entsteht ein dreidimensionaler Überblick, der neue Perspektiven eröffnet.
- Perspektivenwechsel: Die Teilnehmenden versetzen sich in die Rolle anderer Beteiligter und beschreiben, wie diese Person die Landkarte wohl sehen würde.
- Dynamische Kartenentwicklung: Die Karte wird über mehrere Gesprächsrunden hinweg ergänzt und angepasst, um Veränderungsprozesse sichtbar zu machen.
- Einbindung in Mediation oder Teamentwicklung: Die Landkarte dient als Gesprächsgrundlage und wird gemeinsam erarbeitet.

Reflexionsfragen:

- Wo befinde ich mich auf der Konfliktlandkarte? Welche Rolle nehme ich ein?
- Welche Beziehungsdynamiken erkenne ich? Wo sehe ich Spannungen oder Ressourcen?
- Was überrascht mich an der Darstellung? Was habe ich vorher übersehen?
- Wie verändert sich meine Sichtweise, wenn ich die Landkarte als Ganzes betrachte?
- Welche Impulse ergeben sich aus der Karte für mögliche Schritte zur Klärung?

Die Konfliktlandkarte ist ein wirksames Werkzeug, um komplexe Konfliktlagen sichtbar zu machen. Sie schafft Klarheit, ermöglicht Perspektivwechsel und unterstützt dabei, aus der Verstrickung in eine neue Sichtweise zu kommen. Ob im Einzelsetting oder in Gruppenprozessen: Wer mit Landkarten arbeitet, legt den Grundstein für ein vertieftes Verständnis, neue Dialoge und tragfähige Lösungen.

Werkzeuge: Konfliktdreieck

Das Konfliktdreieck ist ein weiteres bewährtes Werkzeug in der professionellen Konfliktbearbeitung. Es hilft, Konfliktsituationen systematisch zu analysieren, indem es drei zentrale Dimensionen eines Konflikts unterscheidet: das Thema oder der Sachinhalt, die beteiligten Personen sowie die zugrunde liegenden Dynamiken und Gefühle. Dieses Modell geht davon aus, dass ein Konflikt nie nur auf einer Ebene stattfindet, sondern stets ein Zusammenspiel aus inhaltlichen Differenzen, zwischenmenschlichen Spannungen und innerpsychischen Bewegungen darstellt. Indem alle drei Ebenen bewusst in den Blick genommen werden, entsteht ein umfassenderes Verständnis der Konfliktstruktur. Dadurch wird es möglich, Lösungsansätze zu entwickeln, die nicht nur die Oberfläche beruhigen, sondern in die Tiefe wirken.

In der Praxis zeigt sich oft, dass zu Beginn einer Auseinandersetzung hauptsächlich die Sachebene thematisiert wird. Es geht um Meinungsverschiedenheiten, um Fakten, um unterschiedliche Interessen oder Erwartungen. Auf den ersten Blick scheint der Konflikt rational begründbar, lösbar durch Argumentation oder Klärung sachlicher Differenzen. Doch wer genau hinhört, spürt schnell, dass es unter der Oberfläche brodelt. Hinter den sachlichen Differenzen verbergen sich häufig tiefer liegende Dynamiken. Persönliche Verletzungen, ungeklärte Machtverhältnisse, langjährige Spannungen oder schwelende Enttäuschungen schwingen mit, ohne offen benannt zu werden. Manche dieser Themen haben eine lange Geschichte und wirken als latente Spannung mit, auch wenn sie aktuell nicht angesprochen werden. Andere entstehen im Moment der Auseinandersetzung, weil Menschen sich in ihrer Integrität, in ihrem Wert oder in ihrer Zugehörigkeit infrage gestellt fühlen. Das Konfliktdreieck lädt dazu ein, diese tieferen Ebenen bewusst zu erforschen. Es fordert dazu auf, nicht nur das zu betrachten, was ausgesprochen wird, sondern auch das, was unausgesprochen bleibt. Es öffnet den Blick für die psychodynamischen Aspekte von Konflikten und hilft, die Wechselwirkungen zwischen inhaltlicher Diskussion, emotionaler Reaktion und zwischenmenschlicher Beziehung wahrzunehmen. Es bietet eine Art Landkarte, um sich im Dickicht der Konfliktfaktoren besser orientieren zu können und gezielter in Klärungsprozesse einzusteigen. Wer sich mit dem Konfliktdreieck auseinandersetzt, erkennt, dass wirkliche Lösung nur gelingt, wenn alle drei Ebenen in den Blick genommen werden.

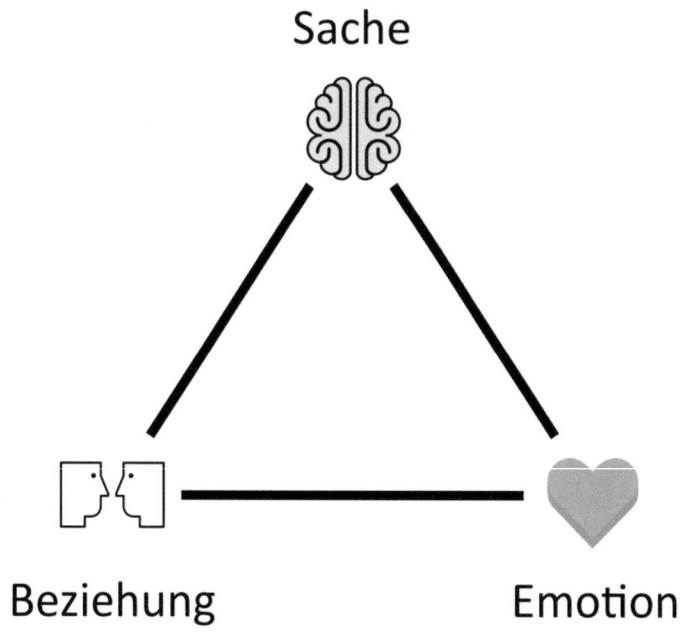

Die drei Ecken des Dreiecks stehen symbolisch für die drei Ebenen: Sache, Beziehung, Emotion. Alle drei sind gleichermaßen bedeutsam, und jede einzelne beeinflusst die anderen. Wird beispielsweise nur an der Sachfrage gearbeitet, ohne die emotionalen Verletzungen zu klären, bleibt der Konflikt meist ungelöst. Umgekehrt reicht es nicht aus, nur über Gefühle zu sprechen, wenn es keine konkreten Vereinbarungen über das weitere Vorgehen gibt. Eine wirksame Bearbeitung erfordert also die Integration aller drei Dimensionen. Besonders hilfreich ist das Modell, um die eigene Konfliktwahrnehmung zu schärfen. In der Reflexion kann man sich fragen: Welche Aspekte sehe ich besonders deutlich? Welche blende ich vielleicht unbewusst aus? Wo liegt mein Fokus: auf der Sache, auf der Beziehung oder auf der Emotion? Diese Fragen eröffnen neue Perspektiven und ermöglichen ein bewussteres Handeln im Konflikt. Auch in der

Beratung oder Mediation kann das Konfliktdreieck als Strukturhilfe dienen, um die Gespräche zu gliedern und gezielt an den unterschiedlichen Ebenen zu arbeiten.

In Gruppen- oder Teamkonflikten kann das Dreieck gemeinsam visualisiert werden. Die Beteiligten markieren, was sie auf welcher Ebene wahrnehmen, was für sie besonders bedeutsam ist und wo sie sich Klärung wünschen. Dadurch wird das Unsichtbare sichtbar, das Komplexe verständlich und das Unaussprechliche ansprechbar. Die gemeinsame Betrachtung wirkt deeskalierend und fördert ein tieferes gegenseitiges Verstehen.

Methoden & Impulse zur Bearbeitung:

- Arbeit mit Metapapier oder Flipchart: Das Konfliktdreieck wird aufgezeichnet, und die Teilnehmenden notieren Stichworte zu den drei Ebenen aus ihrer Sicht.
- Einzelreflexion: Jede:r überlegt, auf welcher Ecke des Dreiecks er oder sie sich am meisten bewegt. Was fällt leicht? Was wird vermieden?
- Gruppenanalyse: Eine Konfliktsituation wird gemeinsam analysiert. Dabei wird für jede Ecke gesammelt, welche Aspekte dort eine Rolle spielen.
- Szenische Darstellung: Die drei Ecken werden im Raum markiert. Die Teilnehmenden bewegen sich dorthin, wo sie den stärksten Bezug fühlen, und erklären ihre Wahl.

Reflexionsfragen:

- Welche der drei Ebenen des Konfliktdreiecks nehme ich am deutlichsten wahr?
- Gibt es eine Ebene, die ich gerne meide? Warum?
- Wie verändert sich mein Blick auf den Konflikt, wenn ich alle drei Dimensionen gleichzeitig betrachte?
- Welche Ebene ist aus meiner Sicht am schwierigsten zu bearbeiten?

- Was hilft mir, in einem Konflikt auch emotionale oder beziehungs-
  bezogene Themen anzusprechen?

Das Konfliktdreieck ist ein einfaches, aber tiefgehendes Modell zur Analyse und Bearbeitung von Konflikten. Es hilft dabei, nicht nur die sichtbare
Oberfläche, sondern auch die darunterliegenden Beziehungs- und Ge-
fühlsebenen zu verstehen. Wer lernt, alle drei Seiten des Konflikts zu sehen, öffnet den Raum für echte Klärung und tragfähige Lösungen.

Werkzeuge: Skalierung

Die Methode der Skalierung ist ein kraftvolles Werkzeug in der Konfliktbearbeitung, das hilft, subjektive Einschätzungen sichtbar zu machen, Veränderungen messbar zu gestalten und Gespräche zu strukturieren. Sie stammt ursprünglich aus dem lösungsorientierten Ansatz und wurde vor allem durch die systemische Beratung und Therapie weiterentwickelt. In der Praxis bedeutet Skalierung, dass komplexe, schwer greifbare Zustände, zum Beispiel das Maß an Eskalation, das Empfinden von Vertrauen oder das Ausmaß an Lösungsbereitschaft, auf einer Skala abgebildet werden. Häufig wird eine Skala von 0 bis 10 verwendet, bei der 0 den schlechtesten und 10 den besten vorstellbaren Zustand beschreibt. Die Methode ermöglicht eine präzise Selbstverortung, schafft Orientierung im Gespräch und öffnet Räume für konstruktive Veränderung.

In konflikthaften Situationen fühlen sich Menschen oft gefangen in einer Gemengelage aus Emotionen, Bewertungen und Reaktionen. Es fällt schwer, die eigene Lage klar zu benennen oder zu erkennen, ob und wo bereits Schritte in Richtung Lösung gegangen wurden. Die Skalierung wirkt hier wie ein inneres Sortierwerkzeug. Sie erlaubt es, die eigene Position zu reflektieren, Entwicklung sichtbar zu machen und die nächsten möglichen Schritte zu konkretisieren. Dabei liegt der Fokus nicht auf einer objektiven Wahrheit, sondern auf der subjektiven Wahrnehmung der beteiligten Personen. Genau darin liegt ihre Stärke: Menschen erleben sich gesehen und gehört, ohne sich rechtfertigen zu müssen. Sie können ihr Erleben ausdrücken, ohne dabei in Argumentationszwänge zu geraten.

Ein Beispiel: In einem Teamgespräch, das von Spannungen geprägt ist, kann die Moderator:in fragen: „Wenn Sie auf einer Skala von 0 bis 10 angeben würden, wie stark Sie sich im Moment gehört und verstanden fühlen, wo stehen Sie da gerade?" Alle Beteiligten geben ihre Einschätzung ab. Schon dieser erste Schritt bringt Klarheit und öffnet den Raum für vertiefende Fragen wie: „Was macht den Unterschied zwischen einer 3 und einer 5 aus?" oder „Was müsste sich ändern, damit Sie von einer 4 auf eine 6 kommen?" Solche Fragen richten den Blick auf Ressourcen, auf vorhandene Stärken und auf konkrete Möglichkeiten zur Verbesserung. Statt über Schuld und Ursache zu diskutieren, wird an Lösungen gearbeitet.

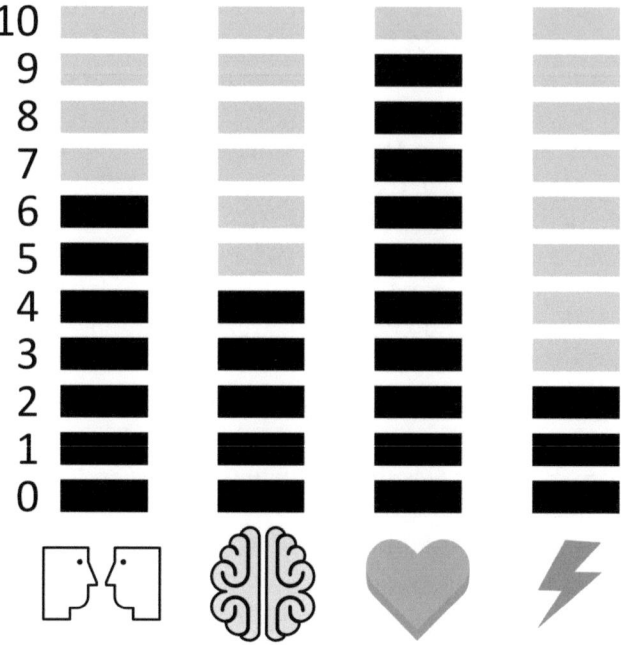

Skalierungen können auf vielfältige Weise eingesetzt werden. Sie eignen sich zur Einschätzung von Konfliktdynamiken, zur Reflexion der eigenen Rolle, zur Messung von Veränderung oder zur Evaluation von Interventionen. Auch emotionale Zustände wie Vertrauen, Hoffnung oder Enttäuschung lassen sich mit ihnen ausdrücken und bearbeiten. Wichtig ist dabei, dass die Skala immer individuell angepasst und gemeinsam mit den Beteiligten eingeführt wird. Die Bedeutung der einzelnen Skalenwerte sollte im Dialog geklärt werden, um Missverständnisse zu vermeiden.

Besonders hilfreich ist die Methode auch in eskalierten Konflikten, in denen Gespräche festgefahren sind. Hier kann die Skalierung neue Bewegung bringen, indem sie kleine Fortschritte sichtbar macht. Wenn etwa zwei Personen in einem langen Konflikt stehen und beide das Gefühl haben, dass nichts vorangeht, kann die Frage „Wo standen Sie vor zwei Wochen auf der Skala, und wo stehen Sie heute?" eine neue Sichtweise eröffnen. Vielleicht ist der Fortschritt nicht spektakulär, aber er ist da. Und genau das kann Mut machen, weiterzugehen.

Auch für die Selbstreflexion ist die Skalierung ein wertvolles Instrument. Wer als Berater:in, Coach oder Moderator:in arbeitet, kann sich regelmäßig fragen: „Wie präsent und zugewandt bin ich gerade, auf einer Skala von 0 bis 10?" oder „Wie sicher fühle ich mich im Umgang mit diesem Thema?" Solche Fragen schärfen die eigene Wahrnehmung und unterstützen die professionelle Haltung. Gleichzeitig kann die Skalierung genutzt werden, um gemeinsam mit den Beteiligten die Zusammenarbeit zu reflektieren und gegebenenfalls zu justieren.

Die Einfachheit der Methode ist ihre größte Stärke. Sie braucht keine großen Erklärungen, keine aufwendigen Materialien und ist sofort einsetzbar. Ihre Wirksamkeit entfaltet sie vor allem durch die Art der Nachfragen, die sich anschließen. Es geht nicht um die genaue Zahl, sondern um das, was sie bedeutet. Jede Zahl auf der Skala wird zum Gesprächsanlass, zur Einladung, über Wahrnehmung, Bedürfnisse und Wünsche zu sprechen. Und damit wird sie zum Brückenbauer zwischen starren Positionen und neuen Möglichkeiten.

Methoden & Impulse zur Bearbeitung:

- Skalierungsrunden im Plenum: Teilnehmende werden eingeladen, ihre aktuelle Einschätzung auf einer Skala zu markieren und in kurzen Sätzen zu erläutern.
- Partnerinterviews: In Zweiergruppen befragen sich die Teilnehmenden gegenseitig nach ihrem Skalenwert und den dahinterliegenden Gedanken. Anschließend Austausch im Plenum.
- Skalenverläufe dokumentieren: Über einen längeren Zeitraum hinweg wird der Verlauf bestimmter Werte dokumentiert und regelmäßig reflektiert.

- Visualisierung mit Seilen oder Karten: Die Skala wird im Raum abgebildet. Die Teilnehmenden stellen sich an ihren Wert und erläutern ihre Positionierung.
- Ressourcenskala: Ergänzend zur Konfliktsituation wird gefragt: „Wie gut fühlen Sie sich im Moment gerüstet, mit dieser Situation umzugehen?"

Reflexionsfragen:

- Welchen Wert würde ich dem aktuellen Stand des Konflikts geben, und warum?
- Was wäre anders, wenn ich auf der Skala zwei Punkte weiter oben stünde?
- Was hat bisher dazu beigetragen, dass ich nicht bei null stehe?
- Welche kleinen Schritte wären möglich, um mich auf der Skala zu bewegen?
- Welche Skalenfragen helfen mir, in festgefahrenen Situationen neue Sichtweisen zu entwickeln?

Die Methode der Skalierung macht subjektive Einschätzungen sichtbar, unterstützt die Reflexion und fördert lösungsorientiertes Denken. Sie schafft Orientierung, bringt Bewegung in festgefahrene Situationen und eröffnet Räume für Veränderung. Durch ihre Einfachheit und Flexibilität ist sie in vielen Kontexten einsetzbar, sowohl in der Gruppenarbeit als auch in der Einzelbegleitung. Wer mit Skalen arbeitet, lädt dazu ein, das eigene Erleben ernst zu nehmen und es als Ausgangspunkt für Entwicklung zu nutzen.

Werkzeuge: Zirkuläres Fragen

Zirkuläres Fragen ist ein zentrales Werkzeug der systemischen Gesprächsführung und wird besonders in der Konfliktbearbeitung geschätzt, weil es Denkprozesse anregt, neue Perspektiven eröffnet und zu einer vertieften Selbst- und Fremdwahrnehmung beiträgt. Es handelt sich um eine Gesprächstechnik, bei der nicht nach vermeintlichen Wahrheiten oder festen Positionen gefragt wird, sondern danach, wie verschiedene Beteiligte einander sehen, erleben und interpretieren. Dabei werden nicht nur individuelle Aussagen sichtbar, sondern auch Beziehungsmuster, Kommunikationsverläufe und emotionale Resonanzen, die im Gespräch oft unbewusst wirksam sind. Im Unterschied zu linearen Fragen, die meist auf Ursache und Wirkung zielen, eröffnet das zirkuläre Fragen einen Raum für mehrdimensionale Sichtweisen. Es lässt sich mit einem Kaleidoskop vergleichen: Je nachdem, aus welcher Richtung man blickt, ergibt sich ein neues Muster, eine neue Ordnung der Dinge. Dieser Perspektivreichtum ist nicht nur erkenntnisfördernd, sondern auch heilsam, weil er die Komplexität menschlicher Beziehungen anerkennt. Es unterstützt dabei, festgefahrene Denkmuster zu hinterfragen, neue Perspektiven einzunehmen und sich selbst im Beziehungssystem bewusster wahrzunehmen. Menschen erkennen dabei häufig, dass ihre Sichtweise nur eine von vielen möglichen ist, und dass auch scheinbar gegensätzliche Deutungen gleichzeitig bestehen können. Diese Qualität macht das zirkuläre Fragen zu einem äußerst wirkungsvollen Werkzeug, wenn es darum geht, in konflikthaften Situationen Bewegung und Erkenntnis zu ermöglichen. Es eröffnet neue Handlungsoptionen, stärkt die Fähigkeit zur Empathie und fördert einen achtsameren Umgang miteinander.

Die Grundidee des zirkulären Fragens ist einfach, aber wirkungsvoll. Anstatt direkt nach der eigenen Meinung oder dem eigenen Verhalten zu fragen, wird über eine dritte Person oder aus einer anderen Perspektive gefragt. Zum Beispiel: „Was glauben Sie, wie Ihre Kollegin Ihre Haltung in diesem Gespräch erlebt hat?" oder „Wenn ein außenstehender Beobachter diese Situation beschreiben müsste, was würde er sagen?" Diese Fragen bringen Distanz in die Situation, fördern den Perspektivwechsel und laden dazu ein, sich aus der gewohnten Sichtweise zu lösen. Dabei werden keine Antworten erwartet, die richtig oder falsch sind, sondern Deutungen, Einschätzungen und Hypothesen, die zum Nachdenken anregen.

Zirkuläre Fragen helfen, starre Positionen aufzuweichen. Sie ermöglichen es, die Wirklichkeit nicht als feststehend, sondern als gestaltbar zu erleben. Wer sich in einer konflikthaften Situation als unverstanden oder blockiert erlebt, kann durch zirkuläres Fragen neue Einsichten gewinnen. Zum Beispiel: „Was würde Ihre Partnerin sagen, was Ihnen in dieser Situation besonders wichtig ist?" oder „Wie denken Sie, sieht Ihr Team Ihre Reaktion auf die Entscheidung der Leitung?" Diese Fragen erzeugen oft Irritation, aber eine produktive Irritation. Sie bringen Bewegung ins Denken und Fühlen, weil sie einen Perspektivwechsel einfordern. Man sieht sich plötzlich mit den Augen anderer. Dadurch entsteht ein differenzierteres Bild der Situation und der eigenen Rolle darin.

Ein wesentlicher Vorteil zirkulärer Fragen ist ihre Deeskalationskraft. In konflikthaften Gesprächen neigen Menschen dazu, sich zu verteidigen oder an ihren Standpunkten festzuhalten. Durch die indirekte Formulierung der Fragen entsteht ein Raum, in dem Aussagen weniger bedrohlich wirken. Es wird nicht direkt angegriffen oder bewertet. Stattdessen wird eingeladen, über andere nachzudenken. Diese Form der Kommunikation schafft Sicherheit und Offenheit. Sie fördert die Bereitschaft, sich mitzuteilen, sich selbst zu reflektieren und die Sichtweisen anderer ernst zu nehmen.

Zirkuläres Fragen hat darüber hinaus eine wichtige Beziehungsfunktion. Es signalisiert Interesse und Respekt. Wer solche Fragen stellt, zeigt, dass er oder sie nicht nur an der eigenen Sichtweise interessiert ist, sondern auch an der Innenwelt des Gegenübers. Das stärkt die Beziehungsebene, die in Konflikten häufig belastet ist. Wenn Menschen erleben, dass sie in ihrer Wahrnehmung ernst genommen werden, wächst die Bereitschaft, auch unbequeme Themen anzusprechen. Gleichzeitig öffnet sich der Blick für die Bedürfnisse, Ängste und Anliegen der anderen. Damit leistet zirkuläres Fragen einen wichtigen Beitrag zur Verständigung und zum Aufbau von Vertrauen.

Die Kunst des zirkulären Fragens liegt darin, zur richtigen Zeit die richtige Frage zu stellen. Dabei geht es nicht um Technik, sondern um Haltung. Wer zirkulär fragt, muss selbst bereit sein, nicht zu wissen. Es braucht Neugier, Offenheit und die Bereitschaft, sich überraschen zu lassen. Die Fragen dürfen nicht manipulativ sein, sondern sollen wirklich dem Verstehen dienen. Gute zirkuläre Fragen entstehen aus dem Moment, aus dem Zuhören, aus dem Einfühlen in die Dynamik des Gesprächs. Sie entstehen dort, wo es gelingt, nicht auf Antworten zu drängen, sondern Räume für Erkenntnis zu öffnen.

Zirkuläres Fragen kann in vielen Kontexten eingesetzt werden: in Mediationen, in Teams, in Beratungsgesprächen oder auch im privaten Umfeld. Besonders wirkungsvoll ist es in festgefahrenen Situationen, in denen direkte Konfrontation zu Eskalation führen würde. Es wirkt wie ein Spiegel, der eine andere Perspektive sichtbar macht, ohne dabei verletzend zu sein. Gleichzeitig wird der Blick geschärft für Beziehungsmuster, für gegenseitige Zuschreibungen und für unausgesprochene Erwartungen. Dadurch wird der Konflikt nicht nur als Problem, sondern auch als Ausdruck eines komplexen Beziehungsgeschehens verstanden. Diese Sichtweise öffnet den Raum für Veränderung.

Weitere Methoden & Impulse zur Bearbeitung:

- Übung in Kleingruppen: Eine Person schildert eine konflikthafte Situation, die anderen formulieren reihum zirkuläre Fragen dazu.
- Perspektivenkarten: Teilnehmende erhalten Karten mit verschiedenen Perspektiven (Kolleg:in, Vorgesetzte:r, Beobachter:in, Kund:in etc.) und formulieren aus dieser Sichtweise Fragen.
- Aufstellungen mit Fragen: In einer systemischen Aufstellung werden Fragen an Stellvertreter:innen formuliert, die aus ihrer Rolle heraus antworten.
- Rollenspiele mit Beobachtung: Während ein Gespräch geführt wird, beobachten andere Teilnehmende und sammeln mögliche zirkuläre Fragen, die sie im Anschluss einbringen.

Reflexionsfragen:

- Welche zirkulären Fragen haben mir in der Vergangenheit geholfen, neue Einsichten zu gewinnen?
- In welchen Konfliktsituationen könnte ein Perspektivwechsel durch zirkuläre Fragen hilfreich sein?
- Welche eigenen Denkgewohnheiten erschweren mir das Stellen solcher Fragen?
- Wie kann ich zirkuläre Fragen in meinen beruflichen Alltag integrieren?
- Was unterscheidet für mich eine zirkuläre Frage von einer konfrontativen?

Zirkuläres Fragen ist ein wirkungsvolles Werkzeug der systemischen Konfliktbearbeitung. Es ermöglicht Perspektivwechsel, fördert Selbstreflexion und schafft Räume für Dialog und Entwicklung. Durch seine indirekte und respektvolle Form unterstützt es dabei, Spannungen zu reduzieren, Verständnis zu fördern und Beziehungen zu klären. Wer zirkulär fragt, lädt andere ein, die Welt mit anderen Augen zu sehen, und schafft damit die Grundlage für echte Verständigung.

Werkzeuge: Zukunftsbild

Die Zukunftsbild-Methode ist ein kraftvolles Werkzeug in der Konfliktbearbeitung, das Menschen einlädt, sich aus der oft belastenden und festgefahrenen Konfliktperspektive zu lösen und stattdessen einen imaginativen Blick in eine mögliche, gelingende Zukunft zu werfen. Diese Methode beruht auf der Grundannahme, dass Veränderung nicht allein durch Problemanalyse entsteht, sondern durch die Vision einer wünschenswerten Alternative. Sie ermöglicht es, neue Handlungsspielräume zu entdecken, Klarheit über eigene Wünsche und Bedürfnisse zu gewinnen und den Blick auf Ressourcen und Stärken zu lenken, die im Konflikt möglicherweise verschüttet wurden. Der zentrale Impuls dieser Methode lautet: Was wäre, wenn der Konflikt bereits gelöst wäre? Wie würde sich das anfühlen, was wäre anders, was wäre möglich? Durch diesen Perspektivwechsel verändert sich nicht nur der Fokus des Gesprächs, sondern auch die emotionale und kommunikative Haltung der Beteiligten.

Der Einsatz der Zukunftsbild-Methode beginnt meist mit einer einladenden, offenen Frage, die zur Imagination einlädt. Zum Beispiel: „Stellen Sie sich vor, wir treffen uns in einem halben Jahr wieder, und der Konflikt ist auf gute Weise geklärt. Was ist dann anders? Was hat sich verändert? Wie erleben Sie sich selbst, wie erleben Sie die anderen Beteiligten?" Solche Fragen holen die Menschen aus der unmittelbaren Konflikterfahrung heraus und versetzen sie gedanklich in eine zukünftige, gewünschte Realität. Diese Art der Imagination aktiviert nicht nur kognitive, sondern auch emotionale und körperliche Resonanzen. Oft entstehen dabei Bilder, Gefühle und Ideen, die zuvor nicht zugänglich waren, weil die Aufmerksamkeit vollständig auf das Problem gerichtet war. Die Methode schafft damit einen Raum des Möglichen, in dem Hoffnung, Kreativität und Lösungskompetenz wachsen können.

Ein wesentlicher Bestandteil der Zukunftsbild-Methode ist die Konkretisierung. Es reicht nicht, allgemein zu sagen, dass etwas „besser" oder „entspannter" sein soll. Vielmehr geht es darum, genau zu beschreiben, was sich verändert hat. Welche Verhaltensweisen sind sichtbar? Wie sieht der Alltag im Team oder in der Organisation aus? Welche Art der

Kommunikation findet statt? Wie fühlt sich das neue Miteinander an? Je konkreter das Zukunftsbild gezeichnet wird, desto wirksamer ist es. Denn je plastischer eine Zukunft erscheint, desto realistischer und erreichbarer wirkt sie. Menschen beginnen, sich mit dieser Zukunft zu identifizieren, entwickeln Motivation, erste Schritte zu tun, und übernehmen Verantwortung für ihren Beitrag zur Veränderung.

Die Methode eignet sich sowohl für Einzelgespräche als auch für Teamprozesse. In Teams kann sie zum Beispiel in Form eines moderierten Zukunftsbild-Workshops durchgeführt werden. Hierbei werden alle Beteiligten eingeladen, ihre eigene Version eines gelösten Konflikts zu beschreiben. Dabei entstehen oft unterschiedliche Perspektiven, aber auch überraschende Gemeinsamkeiten. Der Austausch darüber, wie eine gelingende Zusammenarbeit aussehen könnte, schafft Verbindung, fördert Empathie und weckt das gemeinsame Interesse an konstruktiven Lösungen. Besonders hilfreich ist es, diese Zukunftsbilder sichtbar zu machen, z.B. durch Zeichnungen, Metaphern, Collagen oder schriftliche Beschreibungen. Auf diese Weise werden sie zu einer Art innerem Leuchtturm, der Orientierung gibt, auch wenn es auf dem Weg dorthin noch Unklarheiten oder Rückschläge gibt.

Die Zukunftsbild-Methode ist kein Allheilmittel. Sie ersetzt nicht die Auseinandersetzung mit konkreten Konfliktinhalten oder mit emotionalen Verletzungen. Aber sie eröffnet eine neue Gesprächsebene. Sie hilft, den Fokus von Defiziten auf Potenziale zu lenken, vom Problem auf die Lösung, von der Vergangenheit auf die Zukunft. Sie aktiviert Ressourcen, weckt Hoffnung und öffnet den Raum für die Frage: Was kann ich selbst dazu beitragen, dass diese Zukunft Wirklichkeit wird? In diesem Sinne verbindet die Methode Imagination mit Verantwortung. Sie macht Mut, ins Handeln zu kommen, und gleichzeitig sensibel für das, was gebraucht wird, um diesen Weg gemeinsam zu gehen.

Weitere Methoden & Impulse zur Bearbeitung:

- Geführte Imagination: In einem moderierten Rahmen werden die Teilnehmenden eingeladen, sich in einen Moment in der Zukunft zu versetzen, in dem der Konflikt gelöst ist. Anschließend Austausch über die entstandenen Bilder und Empfindungen.

- Zukunftscollage: Aus Zeitschriften, Symbolkarten oder Zeichnungen gestalten die Beteiligten ein Bild ihrer gewünschten Zukunft. Die Collagen werden vorgestellt und erläutert.
- Brief aus der Zukunft: Jede:r schreibt einen Brief aus dem Jahr, in dem der Konflikt geklärt wurde. Inhalt: Was war hilfreich? Was hat sich verändert? Was hat man selbst beigetragen?
- Zukunftsinterview: In Paaren interviewen sich die Teilnehmenden gegenseitig aus der Perspektive einer gelungenen Zukunft. Fragen können vorbereitet oder frei formuliert werden.
- Gruppenvisualisierung: Auf einem großen Papier oder Whiteboard entsteht ein gemeinsames Bild der Zukunft. Alle dürfen beitragen. Ziel ist ein kollektives Zukunftsbild.

Reflexionsfragen:

- Wie würde sich mein beruflicher Alltag verändern, wenn der Konflikt gelöst wäre?
- Welche Qualitäten des Miteinanders wünsche ich mir in der Zukunft?
- Was kann ich selbst konkret tun, um diesem Zukunftsbild näherzukommen?
- Was hat mich bei der Vorstellung dieser Zukunft überrascht?
- Wie verändert sich meine Haltung gegenüber dem Konflikt, wenn ich an die gelöste Zukunft denke?

Die Zukunftsbild-Methode schafft einen Raum für Hoffnung, Kreativität und Lösungskraft. Sie ermöglicht es, sich aus der Enge des Konflikts zu lösen und neue Perspektiven zu entdecken. Durch die Vorstellung einer gelungenen Zukunft entstehen emotionale Resonanz, konkrete Ideen und die Bereitschaft, Verantwortung für Veränderung zu übernehmen. Diese Methode stärkt nicht nur die individuelle Handlungsfähigkeit, sondern auch das gemeinsame Gestalten von tragfähigen Lösungen.

Werkzeuge: Lösungsbox

Die Lösungsbox ist ein ideenreicher, spielerischer und zugleich tiefgehender Zugang zur Konfliktbearbeitung. Sie versteht sich als Sammlung kreativer, oftmals unkonventioneller Zugänge, um Lösungen nicht nur zu finden, sondern auch emotional zu erleben und ganzheitlich zu verankern. Der zentrale Gedanke dahinter ist, dass Lösungen nicht allein über lineares Denken, sachliche Analyse oder logische Argumentation entstehen, sondern dass sie aus einem weiten, oft intuitiven Raum heraus wachsen, in dem Bilder, Symbole, Erzählungen und Emotionen eine wichtige Rolle spielen. Die Lösungsbox greift auf Elemente zurück, die vertraut wirken und dennoch neue Zugänge eröffnen: Metaphern, Geschichten, Vergleiche, Sinnesassoziationen oder auch spontane Impulse. Sie regt die Vorstellungskraft an, bringt Bewegung in starre Strukturen und öffnet die Tür zu unerwarteten Erkenntnissen. In der Praxis kann sie sowohl in Einzelbegleitungen als auch in Gruppenprozessen eingesetzt werden, immer mit dem Ziel, jenseits der bekannten Argumentationsmuster neue Denk- und Fühlräume zu betreten.

Die Arbeit mit Metaphern gehört zu den wirksamsten Werkzeugen in der Lösungsbox. Eine gut gewählte Metapher kann einen komplexen Sachverhalt in wenigen Worten erfassbar machen. Sie bringt das Unsagbare in eine greifbare Form, schafft Nähe zu schwierigen Themen und erlaubt es, emotionale Inhalte zu benennen, ohne zu verletzen. Wenn zum Beispiel ein Konflikt beschrieben wird als „Wir rudern im selben Boot, aber in entgegengesetzte Richtungen", dann öffnet sich sofort ein Raum für Reflexion: Wer sitzt wo? Wer hält das Steuer? Wer sieht das Ufer? Eine andere Metapher kann lauten: „Unser Team ist wie ein Garten, in dem einige Pflanzen sich ausbreiten und andere verkümmern." Auch hier entstehen Bilder, Fragen und Impulse, die sich nicht aus einer rein sachlichen Analyse ergeben hätten. Die Kraft der Metapher liegt in ihrer Offenheit. Sie erlaubt Interpretation, lädt zur Auseinandersetzung ein und schafft einen emotionalen Zugang zu schwierigen Themen.

Ebenso wirkungsvoll ist der Einsatz von Geschichten. Eine gut erzählte Geschichte, sei sie fiktiv oder autobiografisch, hat die Kraft, Menschen zu berühren, Perspektivwechsel zu ermöglichen und kollektive Lernprozesse anzuregen. Geschichten brauchen keine direkten Botschaften. Sie wirken durch Resonanz. In der Konfliktbearbeitung kann zum Beispiel eine Geschichte erzählt werden über zwei Nachbarn, die jahrelang im Streit lebten, bis ein unerwartetes Ereignis sie wieder ins Gespräch brachte. Oder über ein Kind, das zwischen zwei zerstrittenen Erwachsenen vermittelt und dabei eine neue Sprache des Verstehens entwickelt. Solche Geschichten müssen nicht real sein, sie müssen berühren. Sie schaffen Distanz zum eigenen Konflikt und ermöglichen zugleich eine tiefere Identifikation. Sie zeigen, dass Wandel möglich ist, auch wenn es zunächst aussichtslos erscheint. Und sie lassen Raum für eigene Deutungen, für Hoffnung und für kreative Neugier.

In der Lösungsbox finden sich auch kurze Impulse, Sinnbilder oder Denkanstöße, die wie kleine Funken wirken können. Fragen wie: „Wenn dieser Konflikt ein Tier wäre, welches wäre es? Und warum?" oder „Welche Farbe hat Ihre derzeitige Kommunikation?" wirken zunächst spielerisch, öffnen aber oft Türen zu tieferen Erkenntnissen. Der Zugang über Assoziationen aktiviert andere Hirnareale als der rationale Diskurs. Und genau das macht ihn so wertvoll. Konflikte sind nicht nur logisch, sie sind auch emotional, historisch und sinnlich aufgeladen. Wer diese Ebenen anspricht, holt die Menschen in ihrer Ganzheit ab, und schafft dadurch eine neue Tiefe in der Bearbeitung.

Auch sprachliche Techniken können Teil der Lösungsbox sein. Zum Beispiel Umdeutungen: „Was könnte an diesem Konflikt auch eine versteckte Ressource sein?" oder „Wofür könnte dieser Streit ein Symbol sein?" Die gezielte Umdeutung hilft, festgefahrene Denkmuster zu durchbrechen und neue Sinnzusammenhänge zu entdecken. Oder das Arbeiten mit inneren Stimmen: „Was würde der Teil in Ihnen sagen, der Frieden will? Und was sagt der Teil, der verletzt ist?" Solche Fragen führen nicht nur zu mehr Selbstverstehen, sondern auch zu einem differenzierteren Blick auf das Gegenüber.

Die Lösungsbox ist also kein festes Set von Methoden, sondern ein wachsendes Repertoire an Zugängen, die individuell angepasst, kreativ erweitert und situativ eingesetzt werden können. Entscheidend ist die Haltung dahinter: die Überzeugung, dass Lösungen nicht erzwungen, sondern eingeladen werden. Dass sie entstehen, wenn Menschen in Kontakt mit ihrer Vorstellungskraft, ihrer Emotionalität und ihrer inneren Weisheit kommen. Und dass ein spielerischer, experimenteller Zugang oft mehr bewegt als eine weitere Analyse.

Weitere Methoden & Impulse zur Bearbeitung:

- Metaphernreise: Die Gruppe sammelt gemeinsam Bilder und Vergleiche für die aktuelle Situation. Anschließend werden ausgewählte Metaphern vertieft und als Grundlage für neue Lösungsansätze genutzt.
- Geschichtenwerkstatt: Teilnehmende erfinden kurze Geschichten, die Parallelen zu ihrem Konflikt enthalten. Diese Geschichten werden vorgelesen, ausgetauscht und reflektiert.
- Assoziationskarten: Begriffe wie Tiernamen, Farben oder Wetterphänomene werden gezogen. Die Teilnehmenden beschreiben, warum dieser Begriff mit dem Konflikt oder der Lösung in Verbindung steht.
- Symbolsprache: Jede:r bringt einen Gegenstand mit, der für eine Lösung steht. In der Gruppe wird über die Bedeutung und Wirkung dieser Symbole gesprochen.
- Perspektivwechsel durch Märchen: Ein bekanntes Märchen wird aus einer anderen Sichtweise erzählt. Anschließend wird reflektiert, was sich durch den Perspektivwechsel verändert hat.

Reflexionsfragen:

- Welche Metapher beschreibt mein Erleben des Konflikts am treffendsten, und warum?
- Welche Geschichte hat mich besonders berührt und welche Parallelen erkenne ich zu meiner eigenen Situation?
- Was verändert sich in mir, wenn ich über Bilder, Symbole oder Vergleiche nachdenke, anstatt über Argumente?

- Welche Zugänge aus der Lösungsbox sprechen mich besonders an, und welche eher nicht?
- Wie kann ich spielerische Elemente bewusster in die Klärung schwieriger Situationen integrieren?

Die Lösungsbox ist ein kreatives und wirksames Instrument, um Konfliktgespräche zu bereichern, neue Perspektiven zu eröffnen und emotionale Tiefe zu ermöglichen. Sie lädt ein zu einem spielerischen, intuitiven und gleichzeitig ernsthaften Umgang mit Spannungen. Ob durch Metaphern, Geschichten oder symbolische Fragen: wer die Lösungsbox nutzt, schafft Räume, in denen Lösungen nicht nur gedacht, sondern auch gefühlt und gelebt werden können.

Werkzeuge: Time-Line-Arbeit

Die Time-Line-Arbeit ist ein wirkungsvolles Werkzeug in der Konfliktbearbeitung, das dazu dient, die Entstehung, Entwicklung und Dynamik eines Konflikts gemeinsam nachzuvollziehen. Sie lädt dazu ein, nicht im Hier und Jetzt zu verharren, sondern sich in die Zeitlinie des Konflikts hinein zu begeben. Dabei wird sichtbar, wie aus einzelnen Momenten ein Geflecht von Missverständnissen, Verletzungen, Versäumnissen und unausgesprochenen Erwartungen entstehen konnte. Durch das gemeinsame Nachzeichnen dieser Entwicklung entsteht ein Raum, in dem das Vergangene gewürdigt und gleichzeitig neu betrachtet werden kann. Die Methode bietet die Möglichkeit, aus der Fixierung auf das Gegenwärtige auszusteigen und die oft vielschichtige Geschichte eines Konflikts bewusst zu machen.

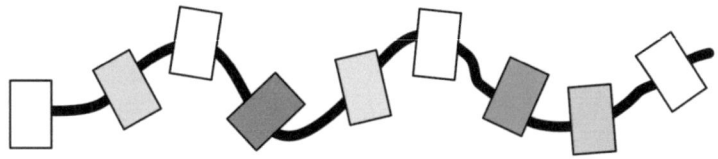

Ein zentraler Gewinn der Time-Line-Arbeit liegt in der Entschleunigung. Während Konflikte oft von starken Emotionen, vorschnellen Bewertungen und impulsiven Reaktionen geprägt sind, bringt die Arbeit mit einer Zeitlinie Ruhe und Struktur in den Prozess. Die Beteiligten werden eingeladen, zurückzublicken, zu erinnern, zu sortieren und Ereignisse in eine Reihenfolge zu bringen. Dabei geht es nicht nur um das Erfassen von Fakten, sondern auch um das Wahrnehmen der jeweiligen inneren Realität: Was war mein Erleben in diesem Moment? Wie habe ich reagiert, was habe ich vermutet, erwartet, befürchtet? Diese subjektiven Erinnerungen werden nicht bewertet, sondern nebeneinandergestellt. Das fördert gegenseitiges Verständnis und legt den Grundstein für neue Dialoge.

Die Time-Line kann auf unterschiedliche Weise gestaltet werden. Häufig geschieht dies visuell, zum Beispiel mit einem langen Papierstreifen, der auf einem Tisch oder an der Wand ausgelegt wird. Einzelne Punkte auf der Linie markieren bestimmte Ereignisse, die für den Konfliktverlauf bedeutsam waren. Diese Punkte können mit Worten, Symbolen, Farben oder kleinen Zeichnungen versehen werden. Je nach Gruppengröße und Thema kann die Linie chronologisch oder thematisch gegliedert werden. In manchen Fällen werden auch parallele Zeitlinien angelegt, etwa wenn mehrere Personen oder Gruppen beteiligt sind, die unterschiedliche Erfahrungen gemacht haben. Dadurch entsteht ein plastisches Bild des Konfliktgeschehens, das zum Nachdenken, Einfühlen und Verstehen einlädt. Eine weitere Möglichkeit besteht darin, eine begehbare Timeline auf dem Boden mit Kreppband oder Seilen zu markieren, sodass sich die Beteiligten tatsächlich entlang der Zeit bewegen und ihre Positionen einnehmen können. Dies schafft eine körperlich erfahrbare Auseinandersetzung mit den Entwicklungen. Auch eine akustische Timeline kann unterstützend wirken: Einzelne Momente werden mit bestimmten Klängen oder Geräuschen unterlegt, um emotionale Qualitäten noch deutlicher spürbar zu machen. Schließlich bietet sich in digitalen Settings eine virtuelle Zeitlinie an, die gemeinsam am Bildschirm gestaltet wird. Diese kann mit Texten, Tonaufnahmen oder Fotos angereichert werden und eignet sich besonders für hybride oder ortsunabhängige Teams.

Die Methode bietet insbesondere in der Teamarbeit einen großen Mehrwert. Sie schafft einen Rahmen, in dem Erlebnisse ausgesprochen werden dürfen, ohne sofort bewertet zu werden. Oft ergibt sich dadurch eine neue Sichtweise auf das Verhalten anderer, weil deutlich wird, welche Erfahrungen diesem Verhalten vorausgingen. Wenn beispielsweise eine Mitarbeiterin als unkooperativ wahrgenommen wurde, zeigt sich in der Zeitlinie vielleicht, dass sie zuvor wiederholt übergangen wurde oder keine Rückmeldung auf ihre Vorschläge erhalten hatte. Solche Erkenntnisse verändern nicht nur das Verständnis füreinander, sondern auch die Bereitschaft, neu aufeinander zuzugehen. Darüber hinaus ermöglicht die Time-Line, auch positive oder stärkende Ereignisse sichtbar zu machen, die im Schatten des Konflikts in Vergessenheit geraten sind. Das können Momente gelungener Zusammenarbeit, gegenseitiger Unterstützung oder gemeinsamer Erfolge gewesen sein, die zeigen, dass trotz aller Spannungen auch Verbindungen existierten. Solche Erinnerungen können als emotionale Ressourcen dienen, um den Mut und die Motivation für neue Schritte zu stärken. Gleichzeitig hilft die Methode dabei, Muster zu erkennen: Welche Reaktionen wiederholen sich? Welche kommunikativen Schleifen treten immer wieder auf? Welche unausgesprochenen Erwartungen führen zu Missverständnissen? Die Zeitlinie macht diese Muster greifbar, ohne sie vorwurfsvoll zu benennen. Dadurch entsteht die Chance, alte Dynamiken bewusst zu unterbrechen und neue Umgangsformen zu erproben. In dieser Kombination aus Rückschau, Würdigung und Erkenntnis liegt die besondere Stärke der Time-Line-Arbeit im Teamkontext.

Ein weiterer Effekt der Time-Line-Arbeit ist die Identifikation von Schlüsselereignissen und Wendepunkten. In fast jeder Konfliktgeschichte gibt es Momente, in denen sich etwas verdichtet, eskaliert oder kippt. Diese Punkte zu erkennen, sie gemeinsam zu reflektieren und daraus zu lernen, ist ein wichtiger Schritt in Richtung Veränderung. Ebenso bedeutsam sind jene Phasen, in denen der Konflikt scheinbar ruhte oder verdrängt wurde. Auch das ist Teil der Geschichte, und oft ein Hinweis auf unausgesprochene Ängste oder fehlende Kommunikationsmöglichkeiten. Indem die Zeitlinie auch diese „blinden Flecken" sichtbar macht, unterstützt sie die Entwicklung einer offenen und ehrlichen Auseinandersetzung.

Time-Line-Arbeit ist nie nur rückwärtsgewandt. Ihr Ziel ist nicht, in der Vergangenheit zu verharren, sondern sie als Lernraum zu nutzen. Aus dem Rückblick entstehen Einsichten, aus Einsichten entstehen Handlungsmöglichkeiten. Wenn verstanden wird, wie ein Konflikt gewachsen ist, wird auch klarer, was es braucht, um ihn zu lösen oder zu transformieren. Dabei geht es nicht um Schuld oder Recht, sondern um Entwicklung. Wer die eigene Geschichte versteht, kann sich von ihr lösen. Wer den Weg kennt, den er gegangen ist, kann auch neue Wege beschreiten.

Weitere Methoden & Impulse zur Bearbeitung:

- Zeitstrahl gestalten: Die Beteiligten erstellen gemeinsam eine Zeitlinie mit allen relevanten Ereignissen, Wendepunkten und ruhigen

Phasen. Dabei werden persönliche Erlebnisse gleichwertig dokumentiert.

- Perspektivzeitlinie: Jede:r erstellt eine eigene Timeline aus der eigenen Sicht. Danach werden die verschiedenen Linien nebeneinandergelegt, verglichen und gemeinsam reflektiert.
- Emotionaler Zeitstrahl: Ergänzend zur Ereignislinie markieren die Beteiligten emotionale Höhen und Tiefen. Dadurch entsteht ein Bild von der inneren Dynamik des Konflikts.
- Zeitreise-Interview: In Paaren oder Kleingruppen befragen sich die Teilnehmenden gegenseitig zur eigenen Wahrnehmung einzelner Phasen des Konflikts.
- Symbolische Darstellung: Die Zeitlinie wird mit Symbolen (z. B. Steine, Farben, Gegenstände) gestaltet, um die emotionale Qualität einzelner Abschnitte spürbar zu machen.

Reflexionsfragen:

- Welche Ereignisse oder Phasen haben den Konflikt aus meiner Sicht besonders geprägt?
- Wann wäre ein guter Moment gewesen, um etwas zu klären, und warum wurde er nicht genutzt?
- Welche Erlebnisse meines Gegenübers verstehe ich heute besser als vorher?
- Was hat sich verändert, seit ich die Geschichte des Konflikts als Ganzes sehen kann?
- Was möchte ich aus der Vergangenheit loslassen, und was kann ich daraus lernen?

Die Time-Line-Arbeit ist ein strukturierendes, klärendes und zugleich verbindendes Werkzeug in der Konfliktbearbeitung. Sie ermöglicht einen differenzierten Blick auf die Entstehungsgeschichte eines Konflikts, schafft Raum für Verständnis, würdigt das Erlebte und öffnet Wege für neue Handlungsoptionen. Wer sich die Geschichte eines Konflikts gemeinsam anschaut, legt den Grundstein für eine andere Zukunft.

Werkzeuge: Stille-Rituale und Pausenarbeit

Stille-Rituale und Pausenarbeit bilden eine oftmals unterschätzte, aber hochwirksame Dimension in der Konfliktbearbeitung. Sie basieren auf der Kraft der Unterbrechung, der Rückverbindung mit sich selbst und der Einladung zum Innehalten. In angespannten, emotional aufgeladenen oder von Hektik geprägten Situationen kann es äußerst heilsam sein, nicht sofort mit der nächsten Intervention, dem nächsten Argument oder der nächsten Diskussion fortzufahren. Stattdessen bietet die bewusste Pause Raum für Entschleunigung, Neuorientierung und emotionale Integration. Solche Momente sind keine Leerstellen, sondern kraftvolle Brückenräume zwischen dem, was war, und dem, was werden kann.

In der praktischen Umsetzung bedeutet dies, gezielt stille Sequenzen in die Prozessgestaltung einzubauen. Eine moderierte Minute der Stille am Beginn eines Gesprächs hilft dabei, bei sich selbst anzukommen, den äußeren Lärm hinter sich zu lassen und die innere Bereitschaft für das Gespräch zu kultivieren. Auch zwischen einzelnen Gesprächsphasen kann eine stille Übergangszeit hilfreich sein. Sie unterbricht das automatische Reagieren, lässt Gesagtes nachwirken und schafft die Voraussetzung für bewusstes Weitergehen. Eine solche Pause kann von Atemarbeit begleitet werden, durch ein gemeinsames, achtsames Atmen in der Gruppe oder durch eine kurze Anleitung zur Zentrierung.

Stille-Rituale sind besonders dann wertvoll, wenn die Kommunikation ins Stocken gerät oder zu kippen droht. Ein einfaches Ritual kann beispielsweise sein, dass alle Beteiligten für einen Moment die Augen schließen und sich innerlich fragen: Wo stehe ich gerade? Was ist mir jetzt wichtig? Was will ich nicht sagen, obwohl es mir auf der Zunge liegt? Diese Art der Reflexion schafft Distanz zum Impuls, erhöht die Selbststeuerung und öffnet einen achtsameren Raum für das, was danach kommt. Auch das bewusste Spüren des eigenen Körpers, das Wahrnehmen von Anspannung oder Unruhe, unterstützt diesen Prozess. Eine weitere Variante besteht darin, dass jede Person für sich ein Wort oder ein inneres Bild findet, das ihren aktuellen Zustand beschreibt. Dieses kann später, wenn gewünscht, in die Runde eingebracht werden. So entsteht ein tieferes gegenseitiges Verstehen, ohne in den klassischen Dialogmodus zurückzufallen. Stille-Rituale lassen sich zudem als wiederkehrende Struktur etablieren, etwa als bewusster Einstieg in jedes Teammeeting oder als Übergang zwischen schwierigen Themenblöcken. Diese Rituale wirken stabilisierend und bieten Verlässlichkeit in Zeiten emotionaler Unsicherheit. Sie erinnern daran, dass Zuhören, Aushalten und Verbundenheit nicht nur im gesprochenen Wort stattfinden, sondern auch in der bewussten gemeinsamen Stille lebendig werden können.

Pausenarbeit bedeutet in diesem Zusammenhang nicht einfach „Pause machen", sondern mit der Pause zu arbeiten. Sie wird als bewusst gesetzter Moment verstanden, der das Geschehen nicht unterbricht, sondern vertieft. Eine gut gesetzte Pause kann mehr bewegen als ein klärender Satz. Sie gibt Raum für die ungehörten Stimmen, für das Unausgesprochene, für das, was in der Stille verstanden wird. In Teams, in denen Tempo, Leistung und Ergebnisorientierung dominieren, ist dieser Zugang oft ungewohnt. Und genau deshalb ist er so wirkungsvoll. Wer still werden kann, kommt mit sich selbst in Kontakt. Und wer mit sich selbst in Kontakt ist, begegnet anderen klarer, präsenter und verbindlicher.

Diese Form der Arbeit erfordert eine klare Haltung. Sie ist kein Rückzug aus der Verantwortung, sondern Ausdruck von Tiefe, Sorgfalt und Respekt. Wer Stille zulässt, traut den Beteiligten etwas zu. Nämlich, dass sie auch ohne Worte spüren können, was gerade wesentlich ist. Dass sie sich selbst beobachten, regulieren und mit ihrer inneren Stimme in Kontakt treten können. Dies wirkt nicht nur deeskalierend, sondern oft auch klärend und ordnend. Nicht selten wird nach einem Moment der Stille ausgesprochen, was zuvor unaussprechlich schien. Oder es zeigt sich, dass manche Worte gar nicht mehr nötig sind.

Stille-Rituale und Pausenarbeit lassen sich mit anderen Methoden kombinieren. Sie bilden den Rahmen für einen Wechsel der Perspektive, den Übergang in eine andere Arbeitsform oder das bewusste Beenden einer belastenden Gesprächsphase. Auch als Einstieg oder Abschluss einer Sitzung entfalten sie große Wirkung. Entscheidend ist dabei die Authentizität der anleitenden Person und ihre Fähigkeit, die Gruppe sicher durch diesen nichtsprachlichen Raum zu führen. Stille braucht Führung, ohne Kontrolle. Sie braucht Einladung, ohne Druck. Und sie braucht Vertrauen, in den Prozess, in die Menschen und in das, was sich zeigen darf, wenn es einmal ruhig wird.

Methoden & Impulse zur Bearbeitung:

- Minute der Stille: Zu Beginn oder zwischen zwei Phasen eines Gesprächs wird gemeinsam eine Minute in völliger Stille verbracht. Danach ein kurzer Austausch über das Erlebte.
- Achtsames Atmen: Die Gruppe atmet einige Male gemeinsam tief ein und aus. Dabei kann ein:e Moderator:in eine kurze Anleitung geben oder einfach die Atempausen markieren.
- Innere Standortbestimmung: Alle Beteiligten halten inne und fragen sich schriftlich oder gedanklich: Wo bin ich gerade innerlich? Was bewegt mich? Was brauche ich?
- Körperwahrnehmung: Eine kurze geführte Übung zur Wahrnehmung von Anspannung, Haltung oder innerer Unruhe. Dies kann helfen, wieder in die Selbststeuerung zu kommen.
- Pause mit Klang: Ein Gong, eine Klangschale oder ein kurzer Impuls mit einem Instrument markieren den Übergang in die Stille und aus ihr heraus.

Reflexionsfragen:

- Wie gehe ich selbst mit Stille in Gruppensituationen um? Suche ich sie oder vermeide ich sie?
- Wann wäre in vergangenen Gesprächen eine Pause hilfreich gewesen, und warum?
- Was erlebe ich, wenn ich bewusst in die Stille gehe? Welche inneren Stimmen werden hörbar?
- Wie kann ich in meiner Rolle als Moderator:in stille Sequenzen achtsam und sicher anleiten?
- Was verändert sich in der Gesprächskultur, wenn regelmäßige Momente des Innehaltens Raum bekommen?

Stille-Rituale und Pausenarbeit sind kraftvolle Instrumente der Konflikt-bearbeitung. Sie schaffen Raum für Selbstwahrnehmung, regulieren emotionale Prozesse und ermöglichen eine tiefere Qualität des Dialogs. Wer bewusst mit Stille arbeitet, lädt dazu ein, hinter die Worte zu hören, die eigene Präsenz zu stärken und den Konflikt nicht nur zu besprechen, sondern auch zu spüren und zu verwandeln.

Moderationstechniken zur Konfliktklärung im Team

Moderationstechniken zur Konfliktklärung im Team spielen eine zentrale Rolle, wenn es darum geht, komplexe und emotional aufgeladene Situationen strukturiert, achtsam und zielgerichtet zu begleiten. Sie helfen dabei, Gesprächsverläufe zu steuern, Verständigung zu fördern, den roten Faden zu halten und alle Beteiligten in einen gleichberechtigten Dialog einzubinden. Eine gute Moderation schafft einen Rahmen, in dem Konfliktbeteiligte sich sicher fühlen, in dem unterschiedliche Sichtweisen nebeneinander stehen dürfen und in dem gemeinsam nach Lösungen gesucht wird, die tragfähig und nachhaltig sind. In Teams, in denen unterschiedliche Rollen, Erwartungen, Persönlichkeiten und Arbeitsstile aufeinandertreffen, ist diese Fähigkeit von besonderer Bedeutung. Denn gerade dort, wo viele Menschen miteinander kooperieren müssen, entsteht Reibung. Und dort, wo Reibung entsteht, braucht es nicht nur Methoden, sondern vor allem Haltung, Klarheit und Struktur.

Eine wesentliche Voraussetzung für gelingende Moderation ist die Unterscheidung zwischen Inhalt und Prozess. Während die Teammitglieder für die inhaltliche Klärung verantwortlich sind, sorgt die moderierende Person für den Ablauf, für die Struktur und für die Qualität des Austauschs. Sie hält die Gesprächsregeln, achtet auf Ausgewogenheit, fasst zusammen, stellt Rückfragen und sorgt dafür, dass alle Stimmen gehört werden. Diese Prozessverantwortung entlastet die Beteiligten und schafft die Möglichkeit, sich auf die Inhalte zu konzentrieren. Gleichzeitig ermöglicht sie, Eskalationen vorzubeugen, Sackgassen zu erkennen und das Gespräch immer wieder zurück auf eine konstruktive Ebene zu führen. Moderation heißt dabei nicht Kontrolle, sondern Ermöglichung. Sie bietet einen Raum, in dem Dialog wieder möglich wird. Zu den grundlegenden Techniken der Moderation zählen das aktive Zuhören, das Paraphrasieren, das Visualisieren und das strukturierte Fragen. Aktives Zuhören bedeutet, nicht nur auf Worte zu achten, sondern auch auf Zwischentöne, auf Körpersprache, auf das, was unausgesprochen mitschwingt. Wer paraphrasiert, wiederholt in eigenen Worten das Gehörte und gibt dem Gegenüber die Möglichkeit, sich korrigiert oder bestätigt zu fühlen.

Visualisierung

Visualisierung auf Flipchart, Whiteboard oder Moderationskarten unterstützt das gemeinsame Verständnis, schafft Übersicht und entlastet das Gedächtnis. Diese Visualisierungstechniken bieten die Möglichkeit, komplexe Gesprächsinhalte, Meinungsbilder oder Prozesse sichtbar zu machen und damit für alle Beteiligten leichter zugänglich zu gestalten. Das Flipchart eignet sich besonders gut für das strukturierte Festhalten von Gedankenverläufen, Entscheidungsprozessen oder Visualisierungen von Konfliktfeldern. Es erlaubt spontane Ergänzungen, Markierungen oder das Festhalten von Schlüsselaussagen, die im Verlauf immer wieder aufgegriffen werden können. Das Whiteboard hingegen eignet sich vor allem dann, wenn Inhalte flexibel angepasst oder gelöscht werden müssen. Es bietet sich an für Ideensammlungen, Strukturierungen oder den schnellen Wechsel zwischen Themen. Moderationskarten hingegen ermöglichen eine partizipative Arbeitsweise. Jede:r kann seine Gedanken auf eine Karte schreiben, die dann gemeinsam sortiert, geclustert und diskutiert werden. So werden alle Stimmen sichtbar, auch jene, die im direkten Gespräch eher zurückhaltend sind. Der Einsatz dieser Werkzeuge fördert eine hohe Transparenz, unterstützt die Konzentration auf das Wesentliche und ermöglicht eine visuelle Verankerung der besprochenen Inhalte. Strukturierte Fragen helfen zusätzlich, den Gesprächsfluss zu lenken, Zusammenhänge zu verdeutlichen und Reflexion anzuregen. Diese Techniken bilden das Fundament jeder Moderation und sollten in jeder Phase bewusst eingesetzt werden.

Gesprächsregeln

Ein besonderes Augenmerk liegt auf der Gesprächsführung in herausfordernden Situationen. Wenn Emotionen hochkochen, Positionen verhärten oder Beteiligte sich aus dem Dialog zurückziehen, braucht es Fingerspitzengefühl, Standfestigkeit und Flexibilität. In solchen Momenten kann es hilfreich sein, eine kurze Unterbrechung einzulegen, das Setting zu verändern oder mit gezielten Fragen eine neue Perspektive zu eröffnen. Auch das Einführen von Gesprächsregeln, die gemeinsame Reflexion über das bisherige Gespräch oder das klare Benennen von

Beobachtungen kann klärend wirken. Besonders hilfreich ist es, wenn die Gesprächsregeln nicht einfach vorgegeben, sondern gemeinsam im Team entwickelt werden. Dieser partizipative Ansatz erhöht nicht nur die Akzeptanz, sondern fördert auch das Verantwortungsgefühl und die Identifikation mit dem Prozess. Die gemeinsame Entwicklung von Gesprächsregeln ermöglicht es, unterschiedliche Kommunikationsbedürfnisse sichtbar zu machen, Erwartungen abzugleichen und einen respektvollen Rahmen zu schaffen, der von allen mitgetragen wird. In der Praxis kann dies bedeuten, dass das Team in einem moderierten Rahmen überlegt, was im Umgang miteinander hilfreich ist, welche Verhaltensweisen stören und wie mit Unterbrechungen oder emotionalen Reaktionen umgegangen werden soll. Das Festhalten dieser Regeln auf einem Flipchart oder Plakat im Raum wirkt stabilisierend und erinnernd. Moderation bedeutet auch, Spannungen auszuhalten und auszubalancieren, ohne selbst Partei zu ergreifen. Gerade in solchen Momenten zeigt sich die Qualität der Moderation: Kann sie den Raum halten, ohne zu dominieren? Kann sie Struktur geben, ohne zu entmündigen? Kann sie Dynamiken erkennen, benennen und transformieren?

Zudem ist es wichtig, dass die Moderation kulturelle und strukturelle Besonderheiten des jeweiligen Teams berücksichtigt. Jedes Team ist anders: in seiner Zusammensetzung, in seiner Geschichte, in seiner Kommunikationskultur. Moderation ist dann besonders wirksam, wenn sie nicht mit einem starren Schema arbeitet, sondern mit einem offenen Blick, der neugierig, anpassungsfähig und lernbereit ist. Eine gute Moderator:in nimmt wahr, wo Hierarchien wirken, wo alte Konflikte unterschwellig mitschwingen oder wo bestimmte Themen tabuisiert sind. Sie spricht diese Beobachtungen an, nicht um zu bewerten, sondern um Transparenz zu schaffen und gemeinsame Reflexion zu ermöglichen. Dieser Mut zur Klarheit ist ein wesentlicher Baustein gelungener Moderation.

Ein weiterer zentraler Aspekt ist die Balance zwischen Struktur und Offenheit. Teams in Konflikten neigen entweder zur völligen Unordnung oder zu starrer Fixierung. Moderation bietet einen Weg dazwischen. Sie strukturiert Gespräche, ohne sie einzuengen. Sie gibt Orientierung, ohne zu bevormunden. Und sie lässt Spielraum für das, was im Moment entstehen will. Dazu gehört auch, dass sich die Moderation immer wieder selbst überprüft. Was braucht das Team gerade? Was steht zwischen den Zeilen? Welche unausgesprochenen Fragen wirken im Raum? Moderation ist ein dynamischer Prozess, der sich an den Bedürfnissen der Gruppe orientiert und nicht am Lehrbuch.

Methodenvielfalt

Methoden wie das Arbeiten mit Gesprächskarten, dialogische Settings, strukturierte Reflexionsrunden oder kreative Elemente wie Zeichnungen, Metaphern und Symbolarbeit können helfen, das Gespräch zu vertiefen und die Beteiligten aus gewohnten Mustern herauszuführen. Gesprächskarten bieten eine niederschwellige Möglichkeit, Aussagen, Themen oder Reflexionsimpulse sichtbar zu machen. Jede Karte enthält einen Begriff oder eine Frage, die zum Nachdenken anregt. Teilnehmende können Karten auswählen, sortieren, kommentieren oder miteinander in Verbindung setzen. Das fördert sowohl individuelles Nachdenken als auch gemeinsames Verstehen. Dialogische Settings gehen einen Schritt weiter: In einem bewusst gestalteten Dialograum treten die Beteiligten nicht mehr als Debattierende, sondern als Erkundende in Kontakt. Dabei geht es nicht um das Gewinnen eines Arguments, sondern um das tiefergehende Verstehen der Sichtweisen und Erfahrungen des Gegenübers. Eine dialogische Haltung setzt auf Offenheit, Zugewandtheit und das Vertrauen darauf, dass Verstehen möglich ist. Strukturierte Reflexionsrunden wiederum bieten einen klaren Rahmen, in dem nach bestimmten Kriterien reflektiert wird, etwa nach Phasen des Gesprächs, nach Rollen oder nach emotionalen Reaktionen. Sie schaffen eine Orientierung, die es den Beteiligten erleichtert, eigene Beobachtungen und Erfahrungen einzubringen, ohne sich zu verlieren. Kreative Elemente wie Zeichnungen, Metaphern oder Symbolarbeit helfen insbesondere dann, wenn Worte fehlen oder der Zugang über das Rationale blockiert ist. Eine gezeichnete Linie kann symbolisieren, wie nahe oder entfernt man sich im Team fühlt. Eine Metapher wie „Wir sitzen im selben Boot, aber rudern in unterschiedliche Richtungen" eröffnet neue Sichtweisen. Symbole wie Steine, Figuren oder Farben geben inneren Zuständen eine äußere Form und fördern so den Ausdruck und das Verstehen. Ebenso hilfreich ist die bewusste Gestaltung von Übergängen: von der Vergangenheit in die Gegenwart, von der Analyse zur Lösung, vom Individuellen zum Gemeinsamen. Eine kluge Moderation baut Brücken, verbindet Zeiten, Themen und Perspektiven, und sie erinnert immer wieder daran, dass Konflikte nicht das Ende, sondern oft der Anfang von etwas Neuem sind.

Insgesamt braucht es in der Moderation zur Konfliktklärung ein hohes Maß an Selbstreflexion, Kommunikationskompetenz, methodischem Wissen und vor allem eine klare innere Haltung. Wer diese Aufgabe übernimmt, sollte sich kontinuierlich weiterbilden, Feedback einholen und sich in kollegialen Netzwerken austauschen. Denn auch Moderator:innen brauchen Räume, um ihre eigene Rolle zu reflektieren und zu lernen. Nur so kann sich die eigene Qualität entwickeln und wachsen.

Methoden & Impulse zur Bearbeitung:

- Rollentausch: Teilnehmende übernehmen in einer moderierten Konfliktsimulation unterschiedliche Rollen (Moderator:in, Beteiligte:r, Beobachter:in) und reflektieren ihre Erfahrungen.
- Moderationsleitfaden entwickeln: In Kleingruppen werden Leitlinien für gute Moderation erarbeitet und in Rollenspielen erprobt.
- Technikkarten: Verschiedene Moderationstechniken werden auf Karten gesammelt. Jede:r wählt eine Technik aus, stellt sie vor und berichtet von eigenen Erfahrungen damit.
- Videofeedback: Eine Moderationssequenz wird aufgezeichnet und gemeinsam ausgewertet. Was war hilfreich? Wo gibt es Entwicklungsmöglichkeiten?
- Kollegiale Beratung: Eine:r bringt einen Moderationsfall ein, das Team berät gemeinsam zu möglichen Vorgehensweisen und Techniken.
- Moderationslandkarte: In Gruppenarbeit entsteht eine visuelle Übersicht über Moderationstechniken, Haltungen und Anwendungsbereiche.

Reflexionsfragen:

- Welche Moderationstechniken nutze ich regelmäßig, welche eher selten oder gar nicht?
- Was hilft mir, in angespannten Situationen ruhig, präsent und empathisch zu bleiben?
- Wie gehe ich damit um, wenn mein Moderationsprozess gestört oder in Frage gestellt wird?
- Welche Rolle spielt meine eigene Haltung und mein Menschenbild im Moderationsprozess?
- Wie sorge ich dafür, dass auch leise oder zurückhaltende Stimmen im Team gehört werden?
- Welche Methoden oder Zugänge möchte ich in meinen Moderationskoffer neu aufnehmen oder weiterentwickeln?
- Wie gelingt es mir, zwischen Struktur und Offenheit eine produktive Balance zu halten?
- Wann erlebe ich Moderation als besonders wirkungsvoll, und was genau macht den Unterschied?

Moderationstechniken zur Konfliktklärung im Team sind unverzichtbar für eine offene, strukturierte und lösungsorientierte Auseinandersetzung mit Spannungen. Sie ermöglichen es, den Gesprächsprozess achtsam zu steuern, alle Beteiligten einzubeziehen und gemeinsam tragfähige Lösungen zu entwickeln. Gute Moderation braucht Technik, Haltung und Erfahrung. Sie schafft Räume, in denen Konflikte nicht spalten, sondern verbinden. Und sie gibt Teams das Vertrauen, dass Klärung möglich ist, wenn der Raum dafür gut gestaltet ist.

Konflikte als Chance begreifen

Konflikte sind unvermeidlich. Überall dort, wo Menschen zusammen-kommen, entstehen unterschiedliche Sichtweisen, Bedürfnisse, Werte und Erwartungen. Diese Unterschiede treffen aufeinander, reiben sich, fordern heraus. Oft sind Konflikte unbequem, irritierend oder schmerz-haft. Und doch liegt in ihnen ein enormes Potenzial. Denn Konflikte zei-gen auf, was nicht mehr stimmig ist, was unter der Oberfläche wirkt, was ausgesprochen, verändert oder neu verhandelt werden will. Sie machen sichtbar, wo Unausgesprochenes gärt, wo sich Spannungen aufgebaut haben und wo Handlungsbedarf besteht. In diesem Sinne sind Konflikte nicht das Problem, sondern ein Signal. Wer bereit ist, dieses Signal ernst zu nehmen, erkennt darin nicht nur einen Störfaktor, sondern einen Ent-wicklungshinweis. Denn dort, wo es knirscht, verbirgt sich häufig eine tie-fere Wahrheit: Etwas will gesehen, gehört und verstanden werden. Etwas möchte sich wandeln, einen neuen Ausdruck finden oder auf eine andere Weise in Beziehung treten. Konflikte fordern uns heraus, aus der Routine auszubrechen, innezuhalten und neu hinzuschauen. Wer das tut, kann erfahren, dass Konflikte nicht nur Trennung bedeuten, sondern auch Ver-bindung ermöglichen. Dass sie Türen öffnen zu mehr Authentizität, zu ei-nem bewussteren Miteinander und zu einer Kultur des gegenseitigen Respekts. In diesem Licht betrachtet, sind Konflikte nicht das Ende eines Weges, sondern oft dessen eigentlicher Anfang. Hier beginnt Entwick-lung. Hier braucht es Klärung, Bewegung und mutige Schritte nach vorn.

Die Chance im Konflikt liegt zunächst in der Möglichkeit zur Klärung. Häu-fig werden Spannungen über lange Zeit hinweg stillschweigend hinge-nommen. Missverständnisse sammeln sich, unausgesprochene Erwar-tungen verdichten sich, kleine Verletzungen summieren sich. Bis ein scheinbar banales Ereignis den Ausbruch provoziert. Dann wird laut, was zuvor leise war. Konflikte bringen das Verborgene ans Licht. Sie machen sichtbar, wo Kommunikation nicht gelingt, wo Rollen unklar sind, wo Be-dürfnisse übergangen oder Grenzen verletzt wurden. Wer den Mut hat, sich diesem Prozess zu stellen, kann Zusammenhänge verstehen, sich selbst und andere neu wahrnehmen und Sprache finden für das, was bis-her unausgesprochen blieb. Diese Klärung schafft Entlastung, sie befreit von innerem Druck und eröffnet neue Gesprächsräume. Darüber hinaus eröffnet sie die Möglichkeit, Muster zu erkennen, die sich über längere Zeit hinweg eingeschlichen haben: Kommunikationsformen, die zu Missverständnissen führen, Reaktionsmuster, die Konflikte verschärfen, oder Strukturen, die einseitige Erwartungen fördern. Klärung bedeutet deshalb auch, den Ursachen auf den Grund zu gehen, nicht nur den Symptomen. Es geht darum, achtsam und respektvoll aufzudecken, was lange Zeit verdeckt war, und dies nicht als Schuldzuweisung, sondern als gemeinsame Chance zur Veränderung zu begreifen. Eine geklärte Situation bringt Erleichterung, schafft neue Verbindungen und ermöglicht es den Beteiligten, auf einer tieferen Ebene miteinander in Kontakt zu treten, ehrlicher, klarer und mit mehr Vertrauen.

Doch Konflikte wollen nicht nur geklärt, sie wollen auch gestaltet werden. In jedem Konflikt liegt die Chance auf Veränderung. Wenn etwas nicht mehr funktioniert, entsteht Raum für Neues. Konflikte zwingen dazu, alte Muster zu hinterfragen. Warum reagiere ich so empfindlich? Was triggert mich genau? Welche Haltung oder Erwartung steht dahinter? Und was davon will ich bewahren, und was loslassen? Dieser Reflexionsprozess ermöglicht persönliche Entwicklung. Gleichzeitig betrifft Veränderung auch das Miteinander. Teams, Paare oder Gruppen können lernen, besser zu kommunizieren, Konflikte früher zu erkennen, mit Unterschieden konstruktiver umzugehen. Ein gelöster Konflikt stärkt die Beziehung, nicht weil alles harmonisch ist, sondern weil etwas gemeinsam durchgestanden, benannt und verändert wurde. Das schafft Vertrauen. Und Vertrauen ist die Grundlage für echte Zusammenarbeit. Nicht zuletzt bergen Konflikte das Potenzial zur Weiterentwicklung. Sie stellen das Gewohnte in Frage, fördern Kreativität, machen offen für neue Perspektiven. Wer gelernt hat, Konflikte nicht zu fürchten, sondern zu nutzen, entwickelt eine Haltung von Wachheit, Resilienz und Innovationsbereitschaft. Diese Haltung ist in einer Zeit ständiger Veränderung unverzichtbar, sei es in Organisationen, in pädagogischen Kontexten oder in der persönlichen Entwicklung. Konflikte zeigen, dass wir lebendig sind. Dass uns etwas wichtig ist. Und dass wir fähig sind, über uns hinauszuwachsen.

Damit dieser Wandel gelingen kann, braucht es einen bewussten Umgang mit dem Konflikt. Es braucht Räume, in denen nicht Schuld, sondern Verantwortung im Mittelpunkt steht. Es braucht Menschen, die zuhören können, ohne zu bewerten. Es braucht Methoden, die unterstützen, ohne zu überfordern. Und es braucht die Bereitschaft, sich selbst zu reflektieren. Diese Haltung kann nicht verordnet werden, sie muss wachsen. In der Auseinandersetzung mit sich selbst, in der Begegnung mit anderen, in der Erfahrung, dass Konflikte, wenn sie mutig angegangen werden, zu einer Quelle von Klarheit, Veränderung und innerem Wachstum werden können.

Methoden & Impulse zur Bearbeitung:

- Biografische Reflexion: Teilnehmende überlegen, welche Konflikte in ihrem Leben zu wichtigen Wendepunkten oder innerem Wachstum geführt haben.
- Wertearbeit: Konflikte werden unter dem Blickwinkel von Werteverletzungen oder Wertedifferenzen betrachtet. Welche Werte stehen hinter dem Streit?
- Symbolarbeit: Mit Gegenständen, Metaphern oder Bildern wird dargestellt, was der Konflikt für die eigene Entwicklung bedeutet.
- Ressourcenrunde: Die Gruppe benennt Fähigkeiten, Haltungen oder Erfahrungen, die sie durch vergangene Konflikte gewonnen hat.

Reflexionsfragen:

- Welche Konflikte haben in meinem Leben zu innerer Klarheit oder Veränderung geführt?
- Was erkenne ich über mich selbst, wenn ich mein Verhalten in einem aktuellen Konflikt betrachte?
- Welche Qualität kann ein gelöster Konflikt in eine Beziehung bringen?
- Was möchte durch diesen Konflikt wachsen, in mir und zwischen uns?

Konflikte sind mehr als Probleme. Sie sind Signale für Entwicklung, Gelegenheiten zur Klärung und Impulse für Veränderung. Wer ihnen mit Offenheit, Reflexion und Verantwortung begegnet, erschließt sich einen Raum innerer und gemeinsamer Weiterentwicklung. Der Konflikt ist nicht das Ende des Miteinanders, er kann der Anfang von etwas Tieferem sein.

Persönlichkeitsentwicklung durch Konfliktkompetenz

Konflikte sind mehr als zwischenmenschliche Reibungspunkte. Sie sind Lernräume. Herausforderungen, die uns mit unseren inneren Reaktionen konfrontieren, mit unseren Grenzen, unseren Werten und unseren Mustern. In ihnen zeigen sich unsere Gewohnheiten, unsere automatisierten Reaktionsweisen und oft auch unsere tiefsten Verletzungen. Doch gerade deshalb bergen sie eine besondere Chance. Sie laden ein zur Entwicklung. Zur Selbstreflexion, zur Reifung und zur bewussteren Gestaltung unseres Miteinanders. Wer sich mit Konflikten konstruktiv auseinandersetzt, kann daran wachsen, sowohl persönlich als auch zwischenmenschlich und gesellschaftlich.

Konfliktkompetenz bedeutet nicht, jeden Streit perfekt zu meistern. Es bedeutet vielmehr, die Bereitschaft zu entwickeln, sich auf Spannungen einzulassen, sie nicht zu verdrängen, sondern sie als Signale zu erkennen. Konfliktkompetente Menschen fragen nicht zuerst: „Wer hat recht?", sondern: „Was geschieht hier gerade wirklich? Was steht zwischen den Zeilen? Was ist mein Beitrag dazu?" Diese innere Haltung ist der Kern jeder Persönlichkeitsentwicklung. Verantwortung übernehmen für das eigene Denken, Fühlen und Handeln. Genau hier entfaltet der Konflikt seine transformierende Kraft. Denn wer sich der eigenen Beteiligung stellt, wer sich traut, hinzuschauen statt zu fliehen, der lernt sich selbst besser kennen. Dabei kommen alle Ambivalenzen, Unsicherheiten und Entwicklungspotenziale ins Bewusstsein und werden Teil des persönlichen Wachstums.

Im Umgang mit Konflikten entwickeln wir zentrale Fähigkeiten, die weit über die konkrete Situation hinauswirken. Dazu gehören emotionale Selbstregulation, Empathie, Dialogfähigkeit und die Fähigkeit zur Perspektivenübernahme. Diese Kompetenzen lassen sich nicht in einem Seminar antrainieren, sondern sie entstehen im Erleben. In der echten Auseinandersetzung. In Momenten, in denen wir uns überwinden müssen, ruhig zu bleiben. In Gesprächen, in denen wir lernen, zuzuhören, auch wenn es weh tut. In Phasen, in denen wir unser eigenes Verhalten hinterfragen und neue Wege ausprobieren. Persönlichkeitsentwicklung geschieht nicht im Rückzug, sondern in der Reibung mit der Welt.

Konflikte fordern uns auf, authentischer zu werden. Klarer in unseren Aussagen. Wahrhaftiger in unseren Beziehungen. Sie konfrontieren uns mit den Fragen: Wer bin ich, wenn es schwierig wird? Wofür stehe ich ein? Was bin ich bereit zu lernen oder loszulassen? Diese Auseinandersetzungen formen unser inneres Fundament. Sie machen uns stabiler, jedoch nicht im Sinne von starr, sondern im Sinne von verwurzelt. Wer gelernt hat, auch in schwierigen Gesprächen bei sich zu bleiben, wer die eigenen Bedürfnisse kommunizieren kann, ohne die Bedürfnisse der anderen zu übergehen, entwickelt ein starkes, gleichzeitig durchlässiges Selbstbild. Ein Selbstbild, das nicht auf Abwehr basiert, sondern auf Verbindung.

Konfliktkompetenz verändert auch, wie wir die Welt sehen. Sie schult unseren Blick für Ambivalenz, für die Vielfalt von Sichtweisen und für die Komplexität menschlicher Wirklichkeit. Anstatt vorschnell zu urteilen, lernen wir zu fragen. Anstatt zu bekämpfen, suchen wir nach Verstehen. Diese Haltung wirkt nicht nur in privaten Beziehungen, sondern auch in beruflichen Kontexten, in Führungsrollen, in sozialen und politischen Zusammenhängen. Konfliktkompetente Menschen gestalten Dialogräume, in denen Unterschiedlichkeit nicht zur Bedrohung, sondern zur Ressource wird.

Gleichzeitig wächst mit jeder konstruktiven Konflikterfahrung auch die innere Sicherheit. Wer sich schon einmal einem Konflikt gestellt hat und dabei erlebt hat, dass er überlebt, sogar gestärkt daraus hervorgeht, der entwickelt Mut. Dieser Mut ist nicht laut, sondern still. Er zeigt sich darin, dass man bereit ist, zuzuhören, auch wenn es schwerfällt. Dass man sich selbst hinterfragt, ohne sich zu verlieren. Dass man Brücken baut, ohne sich selbst aufzugeben. Mut bedeutet in diesem Kontext auch, sich dem Ungewissen zu stellen. Nicht immer eine Lösung zu haben, sondern dem Prozess zu vertrauen.

Persönlichkeitsentwicklung durch Konfliktkompetenz zeigt sich nicht nur im Moment der Auseinandersetzung, sondern auch in der Nachbereitung. In der Fähigkeit, aus dem Erlebten zu lernen, Verantwortung für das eigene Verhalten zu übernehmen und künftige Situationen mit mehr Bewusstheit zu gestalten. Reflexion ist hierbei ein entscheidender Schritt. Was hat funktioniert? Was war schwierig? Was nehme ich mir für das nächste Mal vor? In diesem Prozess wird die Erfahrung zur Ressource. Aus jeder bearbeiteten Spannung entsteht ein innerer Erfahrungsschatz, der nicht nur das Selbstbild stabilisiert, sondern auch das Vertrauen in die eigene Beziehungsgestaltung stärkt.

Konfliktkompetenz bedeutet auch, mit Widersprüchen leben zu lernen. Es geht nicht darum, Harmonie um jeden Preis zu schaffen, sondern Differenz auszuhalten. Nicht jedes Missverständnis lässt sich auflösen. Nicht jede Spannung sofort klären. Persönlichkeitsentwicklung heißt auch, das auszuhalten. Mit Geduld, mit innerer Weite und mit der Bereitschaft, Prozesse nicht zu erzwingen, sondern zu begleiten. Hier zeigt sich die Qualität von Reife. In der Gelassenheit, in der Klarheit der Sprache, im Mut zur Pause, im Einlassen auf das Unfertige.

Methoden & Impulse zur Bearbeitung:

- Selbstbeobachtungstagebuch: Eigene Konfliktsituationen reflektieren, analysieren und Schlüsse für das eigene Verhalten ziehen
- Wertearbeit im Gruppenkontext: Welche Werte sind mir in Konflikten besonders wichtig? Wie beeinflussen sie mein Handeln?
- Feedback in geschütztem Rahmen üben: Wie gebe ich Rückmeldung? Wie nehme ich Kritik an, ohne mich persönlich angegriffen zu fühlen?
- Emotionsarbeit: Über Gefühle sprechen lernen, differenzieren können und emotionales Bewusstsein fördern
- Stärkencoaching: Welche inneren Ressourcen mir in Konfliktsituationen bereits zur Verfügung stehen und wie kann ich sie gezielt stärken?

- Rollenspiele mit Perspektivwechsel: In unterschiedlichen Rollen Konfliktszenen durchspielen, um neue Handlungsoptionen zu erproben
- Achtsamkeitsbasierte Übungen: Innehalten, wahrnehmen, reflektieren. Um mit sich selbst und anderen in einen präsenteren Kontakt zu treten

Reflexionsfragen:

- Wie habe ich früher auf Konflikte reagiert und was hat sich in meinem Verhalten verändert?
- Welche Qualität in mir zeigt sich in schwierigen Gesprächen besonders deutlich?
- Was macht es mir schwer, offen in einen Konflikt zu gehen?
- Welche Haltung möchte ich in Zukunft bewusster einüben?
- Was bedeutet für mich persönlich ein gelungener Konflikt?
- Was habe ich in letzter Zeit durch einen Konflikt über mich selbst gelernt?
- Wie kann ich mich in meiner Konfliktfähigkeit gezielt weiterentwickeln?

Persönlichkeitsentwicklung durch Konfliktkompetenz bedeutet, inmitten von Spannungen innerlich stabil zu bleiben, mit Offenheit auf andere zuzugehen und aus Konfliktsituationen zu lernen. Wer diesen Weg bewusst geht, entwickelt nicht nur seine kommunikativen Fähigkeiten weiter, sondern auch seine emotionale Intelligenz, seine Selbstwirksamkeit und seine Reife. Konfliktkompetenz ist kein fertiger Zustand. Sie ist ein lebendiger Prozess des Lernens, Wachsens und Menschseins. Sie fordert uns heraus, begleitet uns auf dem Weg zu mehr Klarheit und Menschlichkeit und zeigt uns, dass wir über uns hinauswachsen können. Immer wieder neu.

Konfliktprävention in der Praxis

Konfliktprävention beginnt lange bevor erste Spannungen sichtbar werden. Sie ist kein reaktives Instrument zur Vermeidung von Eskalation, sondern ein aktiver, bewusster Gestaltungsprozess im Miteinander. Menschen, die zusammenarbeiten oder in Beziehung stehen, bringen unterschiedliche Erwartungen, Temperamente, Kommunikationsstile und Prägungen mit. Diese Vielfalt birgt enormes Potenzial, aber auch Reibungsflächen. Prävention bedeutet, diesen Raum so zu gestalten, dass Vertrauen wachsen kann, Unsicherheiten besprechbar sind und Differenzen nicht zu destruktiven Spannungen führen. Dabei geht es auch darum, frühzeitig hinzuschauen, sensibel für Zwischentöne zu sein und nicht auf die Eskalation zu warten, um tätig zu werden. Eine gelebte Präventionskultur beginnt im Kleinen: in der Art, wie wir ein Gespräch eröffnen, wie wir zuhören, wie wir nonverbale Signale deuten. Es geht nicht darum, Konflikte gänzlich auszuschließen, sondern eine Kultur zu schaffen, in der sie frühzeitig erkannt, angesprochen und gemeinsam bearbeitet werden können. Je früher Beteiligte mitbekommen, dass etwas kippt, dass ein Missverständnis entsteht oder dass sich etwas aufstaut, desto leichter gelingt es, gegenzusteuern. Prävention lebt von Wachheit, von Achtsamkeit und von der Bereitschaft, sich selbst und andere immer wieder neu zu hinterfragen. Gerade in komplexen sozialen Systemen ist sie kein Luxus, sondern eine Notwendigkeit, um ein gesundes, tragfähiges und menschenfreundliches Miteinander zu ermöglichen.

Klarheit

Ein zentrales Element gelingender Prävention ist Klarheit. Sie beginnt bei der Kommunikation von Rollen, Aufgaben, Zuständigkeiten und Erwartungen. Wo unklar ist, wer wofür verantwortlich ist, entstehen schnell Missverständnisse und Frustrationen. Klarheit bedeutet auch, transparent über Entscheidungen zu sprechen, Hintergründe zu erläutern und betroffene Personen einzubeziehen. Es geht darum, nicht nur das Was, sondern auch das Warum und das Wie von Vereinbarungen und Entscheidungen zu vermitteln. Klare Strukturen geben Orientierung. Sie schaffen Sicherheit und ermöglichen eine konstruktive Zusammenarbeit. In

Organisationen kann dies durch gut strukturierte Prozesse, transparente Abläufe und klare Kommunikation unterstützt werden. Es gehört dazu, Informationswege nachvollziehbar zu gestalten, Zuständigkeiten eindeutig zu benennen und Entscheidungsprozesse zugänglich zu machen. Klarheit ist nicht gleichzusetzen mit Härte oder Unnachgiebigkeit, vielmehr geht es um Offenheit, Nachvollziehbarkeit und die Bereitschaft, sich in die Perspektiven anderer hineinzuversetzen. Auch im persönlichen Bereich ist Klarheit entscheidend. Sie zeigt sich darin, über Bedürfnisse, Grenzen und Werte offen zu sprechen, ohne zu verletzen. Menschen, die klar kommunizieren, schaffen Verbindlichkeit und vermeiden Missverständnisse. Klarheit fördert nicht nur gegenseitiges Vertrauen, sondern auch die Fähigkeit, Verantwortung zu übernehmen und Konfliktpotenziale frühzeitig zu erkennen.

Verlässlichkeit

Verlässlichkeit ist ein weiterer Grundpfeiler der Prävention. Sie zeigt sich in der Verbindlichkeit von Absprachen, in der Einhaltung von Zusagen und im konsequenten Handeln. Wer erlebt, dass Worte und Taten übereinstimmen, fühlt sich ernst genommen. Vertrauen wächst dort, wo Menschen sich aufeinander verlassen können. Das betrifft sowohl das Zwischenmenschliche als auch die organisatorische Ebene. Pünktlichkeit, das Halten von Versprechen, respektvoller Umgang mit Vereinbarungen: all das sind kleine Zeichen großer Wirkung. Verlässlichkeit bedeutet auch, Unzuverlässigkeit anzusprechen. Wo Zusagen regelmäßig nicht eingehalten werden, ohne dass dies thematisiert wird, entsteht Frust und schleichender Vertrauensverlust. Ein verlässliches Umfeld zeichnet sich nicht dadurch aus, dass nie etwas schiefläuft, sondern dadurch, dass Abweichungen benannt, geklärt und transparent gemacht werden. In einem solchen Klima fühlen sich Menschen nicht nur sicher, sondern auch wertgeschätzt. Verlässlichkeit gibt Orientierung und erleichtert es allen Beteiligten, Verantwortung zu übernehmen. Sie reduziert die Notwendigkeit für Kontrolle und schafft stattdessen ein Klima des gegenseitigen Zutrauens. In einem solchen Klima sinkt die Wahrscheinlichkeit für verdeckte Konflikte erheblich, weil Menschen wissen, worauf sie sich verlassen können und wo sie stehen.

Dialogbereitschaft

Der dritte Schlüssel liegt in der Dialogbereitschaft. Wer regelmäßig miteinander spricht, Feedback gibt und empfängt, Fragen stellt und auch kritische Themen nicht scheut, gestaltet aktiv Beziehung. Dialogbereitschaft heißt, zuzuhören, sich für andere Perspektiven zu interessieren und gemeinsame Lösungen zu suchen. Es bedeutet, nicht erst zu reagieren, wenn es brennt, sondern Gesprächsräume zu schaffen, die vorbeugen. Diese Räume brauchen Struktur und Sicherheit. Sie leben davon, dass Beteiligte sich gesehen, gehört und respektiert fühlen. Dialogbereitschaft zeigt sich nicht nur im großen Gespräch, sondern auch im Alltag: im kurzen Innehalten, im offenen Nachfragen, in der ehrlichen Rückmeldung. Sie bedeutet, nicht über andere zu reden, sondern mit ihnen. Nicht zu interpretieren, sondern zu klären. In Teams können regelmäßige Reflexionsrunden, kollegiale Fallberatungen oder Supervisionen helfen, Spannungen frühzeitig zu erkennen. Auch kurze Check-in-Formate oder regelmäßige Feedbackschleifen sind wertvolle Instrumente, um im Gespräch zu bleiben. Im privaten Umfeld kann es helfen, sich bewusst Zeiten für Austausch zu nehmen, in denen es nicht um Organisation, sondern um Beziehung geht. Hier geht es darum, präsent zu sein, zuzuhören, nachzufragen und auch die leisen Töne wahrzunehmen. So entsteht ein Klima, in dem Beziehung wachsen kann, nicht nur im Konsens, sondern auch durch das Zulassen von Differenz und ehrlichem Austausch.

Prävention ist jedoch mehr als Technik. Sie ist Haltung. Eine Haltung, die von Respekt, Achtsamkeit und Verantwortung getragen ist. Wer präventiv handelt, sieht den anderen nicht als Problem, sondern als Mitgestalter:in des Miteinanders. Diese Haltung zeigt sich im Alltag: In der Art, wie Kritik geäußert wird, wie mit Fehlern umgegangen wird, wie Unterschiedlichkeit bewertet wird. Sie zeigt sich darin, ob Raum geschaffen wird für Gefühle, ob Humor seinen Platz hat, ob Schweigen erlaubt ist. Prävention bedeutet, ein Klima zu schaffen, in dem Menschen nicht funktionieren müssen, sondern menschlich sein dürfen. Das setzt voraus, dass Führungskräfte, Pädagog:innen, Berater:innen oder auch Eltern selbst bereit sind, sich mit ihrer eigenen Kommunikation auseinanderzusetzen. Nur wer sich selbst reflektiert, kann Räume für Entwicklung öffnen.

Ein weiterer Aspekt erfolgreicher Prävention ist die kontinuierliche Pflege von Beziehungen. Beziehungen sind wie lebendige Systeme: Sie brauchen Aufmerksamkeit, Austausch und Pflege. Werden sie vernachlässigt, entstehen Lücken, in denen Unsicherheiten wachsen. Werden sie gepflegt, wächst Vertrauen. Vertrauen wiederum ist das Fundament jeder konstruktiven Konfliktkultur. Es entsteht durch kleine Gesten, durch gelebte Wertschätzung, durch echtes Interesse und durch das Erleben von Zugehörigkeit. Wer sich als Teil eines wertschätzenden Gefüges erlebt, bringt sich eher ein, übernimmt Verantwortung und ist bereit, Konflikte konstruktiv mitzutragen.

Prävention braucht auch Räume, in denen Unausgesprochenes einen Platz bekommt. Schweigen ist oft der Anfang von Eskalation. Wo nicht gesagt wird, was stört, was fehlt oder was verletzt, entstehen blinde Flecken. Diese lassen sich nicht durch Regeln oder Checklisten füllen, sondern durch gelebten Dialog. Ein präventiver Umgang mit Konflikten heißt also auch, das Unbequeme einzuladen, bevor es zur Belastung wird. Das bedeutet, Fragen zu stellen wie: Was läuft gut, und was nicht? Was brauchen wir voneinander? Wo fühlen wir uns überfordert oder nicht gehört? Diese Fragen schaffen Offenheit, bevor sich Ärger staut.

Prävention ist lernbar. Sie kann trainiert, geübt und im Alltag verankert werden. Sie beginnt mit der Bereitschaft, hinzuhören, nachzufragen, achtsam zu kommunizieren. In pädagogischen Kontexten, in Organisationen, in Familien, überall dort, wo Menschen zusammenkommen, kann präventives Handeln ein fester Bestandteil des Miteinanders werden. Es ist keine Garantie für Konfliktfreiheit, aber eine Einladung zu mehr Miteinander, zu mehr Vertrauen und zu mehr Resilienz.

Methoden & Impulse zur Bearbeitung:

- Erwartungsklärung: In Gruppen oder Teams wird gemeinsam gesammelt, welche unausgesprochenen Erwartungen bestehen, und wie diese offen kommuniziert werden können
- Kommunikationsvereinbarungen: Teams oder Gruppen erarbeiten gemeinsam Regeln für gelingende Kommunikation

- Verlässlichkeits-Check: Einzelne reflektieren für sich oder in der Gruppe, wie verlässlich sie selbst erlebt werden und wo sie selbst Klarheit vermissen
- Dialogübungen: Partner:innen oder Teams führen strukturierte Dialogformate, in denen aktives Zuhören und wertschätzende Rückmeldungen geübt werden
- Präventionszirkel: In regelmäßigen Abständen treffen sich Beteiligte, um das Miteinander zu reflektieren und Spannungen frühzeitig anzusprechen

Reflexionsfragen:

- Wo in meinem Alltag oder meinem Arbeitskontext zeigt sich ein Mangel an Klarheit?
- Welche kleinen Zeichen von Verlässlichkeit fördern in meinem Umfeld Vertrauen?
- Wann habe ich zuletzt einen offenen Dialog gesucht, und was hat sich dadurch verändert?
- Was hilft mir selbst, frühzeitig über Spannungen zu sprechen?
- Welche Kultur möchte ich mitgestalten, damit Konflikte gar nicht erst eskalieren?

Prävention in der Praxis bedeutet, Räume zu schaffen, in denen Klarheit, Verlässlichkeit und Dialogbereitschaft gelebte Wirklichkeit sind. Es geht um das bewusste Gestalten von Beziehungen, Strukturen und Haltungen, in denen Konflikte nicht verdrängt, sondern frühzeitig erkannt und bearbeitet werden können. Wer präventiv denkt und handelt, schafft Vertrauen, fördert Kooperation und stärkt das Miteinander langfristig.

Checkliste zur umfassenden Konfliktdiagnose

Bereich	Fragen zur Diagnostik
Konfliktbeschreibung	• Wer ist beteiligt? • Worum geht es sachlich? • Seit wann existiert der Konflikt? • Wir war der bisherige Verlauf? • Gab es konkrete Auslöser oder Wendepunkte?
Konfliktart	• Liegt eine Meinungsverschiedenheit, ein Streit oder eine Spannung vor? • Ist es ein struktureller oder persönlicher Konflikt?
Emotionale Dynamik	• Welche Gefühle sind spürbar oder werden geäußert? • Werden Emotionen offen gezeigt oder unterdrückt?
Eskalationsstufe (nach Glasl)	• Auf welcher Stufe befindet sich der Konflikt aktuell? • Gab es Eskalationen oder Versuche zur Deeskalation?
Systemische Aspekte	• Welche Rollen, Koalitionen oder Muster sind erkennbar? • Welche Wechselwirkungen bestehen im System? • Was nährt den Konflikt weiterhin?
Kommunikation & Beziehung	• Wie wird kommuniziert? (Verbal, nonverbal, Häufigkeit) • Wie wirken sich die vier Seiten der Kommunikation aus? • Wie ist die Beziehung zwischen den Beteiligten?
Prägungen & Kultur	• Welche persönlichen oder kulturellen Prägungen wirken mit?

	• Welche Werte oder Glaubenssätze begegnen sich?
Bisherige Lösungsversuche	• Was wurde bisher versucht? • Was hat gewirkt oder nicht funktioniert? • Gab es gemeinsame Lernprozesse?
Handlungsmöglichkeiten	• Ist der Konflikt aktuell bearbeitbar? • Welche Methoden sind passend? • Welche Ressourcen sind verfügbar? • Was könnte ein erster konkreter Schritt sein?

Zum Abschluss

Wer sich mit Konflikten auseinandersetzt, begegnet nicht nur äußeren Spannungen, sondern stets auch der eigenen inneren Haltung. Jede Auseinandersetzung, die bewusst geführt wird, ist eine Einladung, sich selbst neu zu begegnen: in der Fähigkeit, zuzuhören, in der Bereitschaft, Grenzen zu respektieren, in der Kraft, Verantwortung zu übernehmen. Konflikte sind keine Störungen auf dem Weg, sie sind der Weg. Sie fordern uns heraus, genauer hinzusehen, tiefer zu verstehen und menschlicher zu handeln.

Das Wissen über Konfliktdynamiken, Kommunikationsprozesse und Bearbeitungsmethoden ist wertvoll, doch erst durch die persönliche Haltung, das praktische Üben und das ehrliche Ringen um Verstehen wird daraus echte Kompetenz. Diese wächst nicht über Nacht. Sie reift in der Bereitschaft, auch bei Unsicherheit nicht abzuwerten, bei Vorwürfen nachzufragen und im Gegenüber mehr zu sehen als nur ein Problem.

Dieses Buch versteht sich als Impulsgeber und Begleiter. Es liefert kein Rezept, sondern öffnet Möglichkeiten. Es lädt ein, hinzuschauen, zu fragen, zu klären. Und es erinnert daran, dass jeder Konflikt, so herausfordernd er auch sein mag, ein Ort des Lernens und der Wandlung sein kann. In diesem Sinne endet das Buch nicht mit einer letzten Seite, sondern mit der Einladung, den eigenen Weg der Konfliktkompetenz fortzusetzen: im Alltag, im Beruf, in Beziehungen und vor allem in sich selbst.

Denn dort, wo Menschen einander mit Respekt, Ehrlichkeit und Mut begegnen, beginnt Veränderung. Dort wird aus einem Konflikt kein Bruch, sondern eine Brücke. Und dort entsteht die Kultur, die wir uns wünschen, nicht konfliktfrei, aber beziehungsstark.